学诚法师

你嘴上所说的人生，就是你的运势。

陈佩斯

他愤世嫉俗、他专注、他坚守、
他超越了父亲，是舞台上真正的喜剧灵魂。

刘慈欣 ✕ 站在貌似冰冷的硬文后面的，
是一个有着足够想象力
和对社会万物充满热忱与期望的灵魂。

叶嘉莹

若有诗词藏于心,岁月从不败美人。

曾梵志

✜

自由意味着绝对发自内心的创作。

郎平 +

因排球而生,为荣誉而战。
一把铁榔头,一个大传奇!

崔健

崔健是个非常真实的人,他直接立足于生存状态,其间没有阻隔,也不需要过渡,他的音乐和思想的力量都在于此。

刘震云

> > >
> > >
> > >

生活本没有输赢,
你一旦有了胜负心,那你一定是输家。

回到
生活 原点

《人物》杂志 著

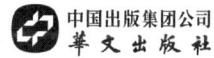

图书在版编目（CIP）数据

回到生活原点 / 《人物》杂志著. —— 北京：华文出版社，2018.2

ISBN 978-7-5075-4854-9

Ⅰ．①回… Ⅱ．①人… Ⅲ．①文化-名人-生平事迹-中国 Ⅳ．①K825.4

中国版本图书馆CIP数据核字(2018)第022740号

回到生活原点

作　　者：	《人物》杂志
责任编辑：	杨艳丽　李　化
出版发行：	华文出版社
地　　址：	北京市西城区广外大街305号8区2号楼
邮政编码：	100055
网　　址：	http://www.hwcbs.com.cn
电　　话：	发行部 010-58336202　编辑部 010-63426125
经　　销：	新华书店
印　　刷：	三河宏盛印务有限公司
开　　本：	787×1092　1/16
印　　张：	17.75
字　　数：	180千字
版　　次：	2018年3月第1版
印　　次：	2018年3月北京第1次印刷
标准书号：	978-7-5075-4854-9
定　　价：	49.80元

版权所有，侵权必究

目 录

序言 打开这本书，你会落入故事的长河

辑一 / 初心 / 敬天畏人，从心出发

学诚法师
现代寺院的掌舵人 / 003

陈佩斯
喜剧之光 / 017

刘慈欣
投向广阔宇宙的最后目光 / 030

张艺谋
一只比较像变色龙的老虎 / 038

辑二 / 从容 / 忙碌时代里的气定神闲

诗家叶嘉莹
如朗月照人 / 065

林怀民
想办法挺过去 / 078

艺术的标准
87版《红楼梦》幕后的大师们 / 088

仓本聪
回到生活原点 / 098

辑三

执着
/
**我们都是
昼夜不停的赶路人**

杨振宁
盛名之下 / 113

蔡国强
当国家庆典成为艺术 / 135

林毅夫
在其位谋其职 / 146

周有光
最美好的东西,最美好的事情 / 155

辑四

目光
/
生活中没有小人物

曾梵志
凡人·梵志 / 167

郎平
阅读者 / 198

崔健
一无所有三十年 / 216

刘震云
双重生活 / 248

序言

打开这本书,你会落入故事的长河

《人物》杂志呈现这个时代最扎实细密的故事。故事里的每个人身上都闪着时代的微光。我们致力于提供中文世界最好的人物报道,在每个故事里都穷尽了我们所能穷尽的一切。

抵达故事的过程从来都是艰苦的。没有一个故事不需要在别人的世界里跋山涉水,架路搭桥。《人物》用的是最笨也最有效的方式。

我们相信时间,相信只有足够的时间,才会在某个瞬间换来与对方的心意相通。在某个时刻,也许只是天光正好,也许只是被触动了心绪,他突然愿意开敞,讲述一个属于自己的故事。

所以我们会反复去纠缠,去索取,去忍受沉默和尴尬,去切割每一分每一秒,等待那个如同神启的时刻。那个时刻之后,我们才能在一个丰盈的故事里顺流而下。

我们信奉专业主义。坚持做一篇封面报道,至少做20人以上的有效周边采访。这也许刻板,但数字不仅仅是量化的标准,往往会是质变的依赖。人心是如此复杂反复,没有镜像和对照,没有那些劈头盖脸,大喝一声,把我们从迷雾里捞出来的外围,我们往往会扎在人性的迷宫里晕头转向。他们依靠多年的相处经验,或者只是依靠那天然的善于看透人心的能力,提供了极好的细节和维度。

怎么说呢?采访永远有暗流涌动,有峰回路转,有沮丧,有无奈,有狂喜,有丝丝入扣的真诚,也有坚如磐石的拒绝。险阻在此,魅力也在此。

这是一场人心的试探和搏斗,但后来都有了惺惺相惜的诚意。

结束长谈,是从采访对象的生命里做了一次退出。有了如此的亲密和共担,也只不过是握手道别,也许再也不见。但长谈的时光,在两个人的生命里都有了一次印记,是两个人私密不设防的高光时刻。

《人物》的采访永远是消耗性的、灭绝性的穷尽。当所有的采访完成,捆扎起来是打包一个人的人生重量。

当记者面对几十万字的录音,用word整理成一本书的模样。反反复复去阅读,却迟迟不敢下笔,那是对那份诚意和不设防的敬畏。

故事永远不只是故事,它身上携带着人性和时代的气息。如何把故事讲好,如何把这种气息笼罩其中,如何搭建故事的大厦,又呈现人性的曲折幽深。

这是永远没有尽头的工作。永远可以做得比现在发出来的稿子更好,如果能给我更多一点时间。永远有缺憾,又永远无法彻底弥补。这是一份充满诗意的工作。当你进入别人的人生,写出别人的故事,你也会在某个时刻有一个凝神。一个辽阔的生命,像是一个助力,让你看到生活的至高至远之处。

回到这本书,这是《人物》杂志萃取出来的精华。他们都是名人,都是在这个时代可以钉下一点印记的人。他们被书写过无数遍。没关系,这不重要。《人物》杂志的书写是不一样的。它不完美,但有着自己的生气勃勃和难以抵御。

相信我。每一篇都会有让你凝神的时刻,每一篇都会让你看到人性的真实、复杂和缺憾。每一篇都会让你看到细节的繁树生花,看到语言的精准锋利。总会有东西从你眼前跳出来,击中你。我们是一个传导器,人生的电流经过我们流向你。

愿你喜欢我们的传达。

《人物》主编　张寒
于2018年1月1日夜

辑一

PART 1

初 心

…

敬天畏人，从心出发

学诚法师

现代寺院的
掌舵人

这位新晋的、历届最年轻的中国佛教协会会长,
以一个虔诚的佛教徒的底色顺应互联网时代大潮,
向世间人宣告佛教徒不避世、不落伍、
敏感于时代和现代人的苦乐。

拍摄现场

学诚法师气定神闲地侧身站立,望着山下,一米开外是镜头对着他的摄影师和一群捧着苹果电脑、打着灯光、拿着手机的助理们。这个画面有一些"违和感",却又十分契合他的形象——一个有能力拥抱新事物的佛教徒在现代社会。到了夜晚时分,再往山下看,是万家灯火。山上与山下,世间人与出家人,看上去似乎泾渭分明。但对学诚法师来说,从来并非如此,他一直记得惠能大师在《六祖坛经》中所说的:"佛法在世间,不离世间觉,离世觅菩提,恰如求兔角。"

大和尚与互联网+

一个僧人、一个学者和一个互联网公司高管坐在一起可以谈论些什么?答案是:"佛教与互联网。"2015年10月25日在江苏无锡举行的第四届世界佛教论坛上,"佛教与互联网"是其中一场分论坛的主题,增加这场分论坛是学诚法师特别提出的要求。

学诚法师是北京龙泉寺方丈，2015年4月当选新一任中国佛教协会会长。中国佛教协会（以下简称"中佛协"）正是第四届世界佛教论坛的主办方。对这位中佛协历史上最年轻的会长来说，佛教无法在互联网时代置身事外。

龙泉寺信息中心的贤信法师是这场分论坛的筹备者，也是现场发言的嘉宾之一。他的发言主题是他与师父学诚法师交流之后确定的：在这个人人谈论"互联网+"的时代，佛教可以做什么？他举了几个例子。这些年在龙泉寺接待参访者时，他有一个感受，机器越来越像人，而人也越来越像机器——人们对世界的看法在量化计算主导一切的时代里正变得日益单一。佛教有对症的药方：因为佛教注重内心的觉悟，所以可以帮助人们对世界重新形成一种"全息的认识"。

另一个例子：热衷于在社交网络上选择性地展示自我的人们对经过重塑的自我产生了过度依赖，由此形成了自我的枷锁。佛教也有药方：因为佛教讲究在利他中消融自我，更加广阔的心灵空间于是就被释放出来了。

在当选中佛协会长的发言中，关于中国佛教的发展重点，学诚法师提出的第一条就是，要处理好佛教基本教义和现代科技文明的关系："科技的影响无孔不入，主导着社会生活的方方面面，佛教的基本教义需要对现代科技及其所引发的社会问题做出正面的、积极的回应，才能更好地体现佛教的价值，同时佛教自身的教理教义在新的时空因缘下才能获得新的发展。"龙泉寺监院禅兴法师注意到，学诚法师担任会长之后，中佛协的一个变化是：开通了微信公号，官网的更新频率明显加快了。

而学诚法师个人自媒体的更新更是频繁。如果你是学诚法师三十三万微博粉丝中的一个，每天五点左右，你的手机会准时传来微博提示音，那是学诚法师在回复网友们的提问——这是他每天一个多小时的例行工作。网友们问的大多是自己的各种困惑与烦恼，涉及家庭、职场、学业、情感、心理等各个方面。学诚法师的回复言简意赅，引人思考。

网友问："深爱一个并不爱自己的人是对的吗？"学诚法师答："不是对与错的问题，是苦与乐的问题。少一分妄想执着，就多一分快乐自在。"

互联网是他弘法的重要道场之一。他信奉"现在如果不利用高科技，佛法声音就传播不出去"，以及"佛教徒有能力拥抱新事物"。

这位具有鲜明"互联网思维"的方丈，熟谙各种新鲜事物和社会时尚，对社会发展趋势和大众心理极为敏感。很多新名词，龙泉寺的僧人们都是从学诚法师那儿听来的。前程序员贤信法师从师父那里第一次听到"物联网"这个词。清华大学流体力学博士毕业的禅兴法师也是从师父那儿头一回听说Twitter。前两年，学诚法师对弟子们说："博客流行的时期已经过去了，现在流行微博。"因此，龙泉寺对外传播的"战略方向"也及时调整。博客发文频率开始减少，博文的出版也不再作为重点。

光是开了微博并不够，还得多语种。2015年10月1日，学诚法师的微博添加了第十一个语种——越南语。

古刹与现代管理

从颐和园出发,坐公交车,经过一个多小时至终点站,就到了北京西北郊的凤凰岭。再往山上走一千多米,看见斑驳红墙,正中开着一道狭窄低矮的山门,门前有两尊白色的石狮。这就是龙泉寺了。

这座始建于辽代的千年古刹几经损毁,直到2005年才在学诚法师的主持下重新恢复为佛教道场。一切从零开始,不过十年光景,龙泉寺已在网上暴得大名,网友们给它贴了很多标签:高知僧团、史上科研实力最强的寺院……虽然这些喧闹舆论道出的,有些不过是世间人的虚构与想象——比如龙泉寺的僧人很早就开始用iPad诵经了;在龙泉寺的图书馆里总是有IT江湖的野心家出没——但更多的

仍是事实。

这都得益于学诚法师在龙泉寺探索出来的一种新型寺院管理模式，参照的现代社会管理模式。除了传统僧团之外，龙泉寺有负责工程建设的工程部，负责教育的教化部，负责文化出版的文化部，负责对外传播的弘宣部，负责技术支持的信息中心，负责多语种翻译的翻译中心，负责慈善事业的仁爱慈善基金会。"它这个部有部长，有若干个组，有组长，甚至基金会有财务。我们是把传统寺院的管理跟现代社会的运作结合起来。"龙泉寺监院禅兴法师说。

龙泉寺频繁引起媒体关注正是因为这些部门所包含的诸多新闻点：弘宣部的"贤二"漫画和动画片（最新的发展是贤二机器僧，一个身高五十厘米的"呆萌"的小和尚，可以应付简单的佛语对话）；信息中心的"龙泉寺，有极客"的江湖传说（信息中心开发了针对Word和排版软件InDesign的几十种插件程序，配合僧团的藏经校勘工作）；翻译中心的多语种微博（至今，学诚法师已经开通了包括中文、英文、德文等十一个语种的微博）；仁爱慈善基金会的街头奉粥项目（自2008年起，已经在国内不同城市设立了二十个奉粥点，参与义工二十五万人次，累计奉粥三百五十万杯）……

这些部门的幕后推手几乎都是学诚法师。动漫组每天会在学诚法师的微博和微信上同步发布一则多格漫画，以一个叫贤二的小和尚为主角讲述一个小故事，最终导向一个人生或佛学道理——这些话来自弟子们平时在听师父言教时的记录。这种用漫画讲道理的创意最初就来自学诚法师。"光上一句话的话它就不够生动，师父觉得这样产生的影响力不够。"贤书法师回忆。

除了通过虚构角色贤二讲述虚拟版的寺中故事，现实中每日寺里发生的事情以及学诚法师本人的动态也都会及时在微博中更新。

学诚法师这样与弟子们解释对外传播的重要性:"你关起门来人家会觉得神秘化,社会上的人会觉得,你们这些人干吗的呀,天天就躲在这儿念经、修行,结果你们修的什么我们也不知道,你们修的这些对国家对社会有什么贡献啊,我们也不知道。这样的话,国家、社会就不容易了解你这个宗教存在的意义。"

这些为龙泉寺带来广泛传播度的项目,一般只有一位僧团的执事法师任负责人,执行的主体其实是规模较大的义工队伍。义工绝大多数是已经皈依的佛教徒,分全职和兼职两种。全职义工常年住在山上,在寺里吃住,不领报酬,每个部门一般有几十人;兼职义工一般在周末或节假日到寺里工作,时间灵活,人数因此多得多,光翻译中心就有五百多人。

服务的义工里很多都是年轻人,龙泉寺的现代感为这些年轻义工们提供了一个接触和了解佛教的契机。已经皈依的墨西哥留学生贤善是翻译中心的义工,在他原先的想象中,佛教是与"孤独"两个字联系在一起的,僧人们都是满脸严肃、沉默寡言,但热情开朗的学诚法师以及与社会保持密切互动的龙泉寺颠覆了他的想象,贤善喜欢这样的方丈和寺院。

较大而多元化的义工队伍使得龙泉寺的内部职能极为全面和细致。龙泉寺在资料保存方面做的工作几乎可以与档案馆媲美。这里有数量庞大的视频,主题涵盖了寺院发展历史,各个部门发展历史,各种法会、晚会,学诚法师在各种场合的开示等各个方面。甚至有专门的义工在搞"舆情监测"。"有一次突然发生了一个事儿,网络上有一个关于寺院的不好的评价,我看到了,赶紧采取措施,制止了,没有让它再发展。"监院禅兴法师对《人物》记者说。

静修与"担责任"

在南京大学中华文化研究院教授程恭让看来,学诚法师在龙泉寺所做的这些现代化的探索,"非常有意思",代表了中国佛教的一个"非常积极"的方向。理解这句话需要补充两个背景。其一,"人间佛教"是当前中国佛教的主导思想。1928年,著名佛教改革家太虚大师首倡"人生佛教",继而又发展成为"人间佛教",简单地说就是,以出世的心做入世的事。其二,以为佛教不问世事,僧人们的生活是隐居山林,每日听晨钟暮鼓,伴青灯古佛——这是一个彻头彻尾的误会。佛教在历史上很长的时间里曾经是积极入世、参与社会的宗教。

在中国台湾地区,星云大师等高僧在"人间佛教"的道路上已经做了几十年卓有成效的探索。在大陆,学诚法师则是这一思想的信仰者和践行者。新技术和互联网,是他"做入世的事"的手段。早在1989年他当上福建莆田广化寺方丈后不久,就请了一位计算机专业毕业的新加坡僧人到寺里办电脑培训班。那时,广化寺里拥有一台整个莆田也极为少见的286电脑。2006年,博客刚刚兴起时,学诚法师就开通了博客。在2009年8月开通新浪微博之前,学诚法师已经成为Twitter的用户。

但同时,学诚法师也在小心翼翼维护着"入世"和"出世"之间的界限和平衡。

北京大学宗教研究院名誉院长楼宇烈去过很多次龙泉寺,与学诚法师也多有接触。在他的印象中,龙泉寺"戒律方面很严",

学诚法师是一个"非常虔诚地弘扬佛法的僧人"。在龙泉寺的僧团中，与外界打交道的只有二十余位执事法师，大多数普通僧众过的仍是两千多年来几乎未变的生活：每天凌晨三点五十五分闻板即起，早上四点半和下午四点半分别上早晚课，晚上九点二十分休息……他们处在一个完全封闭的学修环境中，不能使用手机、电脑，接触不到报纸和电视，上网只有在确有需要的时候申请，限时。此外，所有的僧众持金钱戒，不发单资，不允许拥有任何个人财产，日常所需统一由寺院供给。

在龙泉寺，信息和金钱这两个最容易干扰静修的因素全被屏蔽了。但静修到了一定阶段的时候，学诚法师会让弟子去"面对人群担责任"。"他告诉我们什么时候你是应该以静修为主，什么时候你应该面对人群去担责任，等于说他在引导我们。"禅兴法师说，他自己也经历了从自我修行到"担责任"的转变。

还在清华读书的时候，禅兴法师和几个学佛的朋友一起趁着学诚法师到北京开全国政协会议的机会，到他的驻地友谊宾馆拜访。禅兴法师有些得意地报告自己学佛后的收获——不学佛的时候，心会随着外在的"境界"跑，学了佛之后呢，就知道要转变自己的心，甭管外在"境界"怎么样，都能够让内心保持平静。学诚法师却说，你只是能够调伏自己的心是不够的，如果你对别人的苦乐麻木的话，你依然是有烦恼的。

这句话点拨了禅兴法师。出家前，他成天泡在书本里，只想着自己：做出好的学问，获得别人的认可。最初学佛时关注的也只是自己的修行：烦恼的调伏、内心的成长。出家之后，他才意识到佛教（尤其是大乘佛教）终极的目标是"普度众生"，光自我修行是不够的。

学诚法师回忆起他的一个经历。还是十几岁少年的时候，他从家附近的寺院里得到了一本玄奘的传记，"如获至宝，一气读完"。"玄奘大师的西行求法、弘法经历树立了出家人的榜样，他'远绍如来，近光遗法'的一生，时时鞭策着我。"学诚法师对《人物》记者说。

学诚法师俗名傅瑞林，1966年出生于福建一个佛教氛围浓厚的家庭。祖母出家，母亲也是佛教徒。十二岁起，他生了出家的念头，开始读诵佛经。1982年农历二月初八，释迦牟尼佛出家的日子，即将初中毕业的傅瑞林"受宿生愿力牵引"在广化寺出家。

出家第二年，学诚相继开始了在福建佛学院和中国佛学院的读书生涯。1989年，在时任中国佛教协会会长赵朴初居士的提携下，尚在中国佛学院读研究生一年级的学诚成为广化寺方丈，年仅二十三岁。

自当上广化寺方丈之后，繁忙的状态对他来说就已经成为常态。那时，除了寺里的事务，他还在福建佛学院任教，最多的时候一个人教四门课；后来开始陆续担任福建佛教协会副会长、会长，佛协的大事小情也都需要他操心。在禅兴法师的印象里，学诚法师从不浪费时间，"他经常说人生很快，就是人很快就会老，就会死，所以他对时间可以说是争分夺秒"。

现在，学诚法师一长串的头衔更是加重了他每日的繁忙：全国政协常委、中国佛教协会会长、中国佛学院院长、中国宗教界和平委员会秘书长、藏传佛教学衔工作指导委员会副主任、福建省佛教协会会长、福建莆田广化寺方丈、陕西宝鸡法门寺方丈、北京龙泉寺方丈、《法音》杂志主编、北京师范大学人文宗教高等研究院副院长……

一位弟子说，有人希望通过他引见拜访师父时，他总是需要往师父的日程表里"加塞"。这位方丈繁忙的程度几乎不亚于任何一位成功的企业家。他每年睡眠时间少于四小时的天数占到一半，每个月出差超过三天的次数平均在四次左右。

每次出差回到北京，会有持续一周的时间，学诚法师需要每天在他住持的龙泉寺里连轴转地见八九拨事先预约的访客——都是这段时间"积压"下来的。这些客人包括企业家、学者等。有时如果碰上其中某位客人因为堵车迟到，只好由秘书带着已经按时赶到的后面的客人在寺里逛一逛，或者看一段关于龙泉寺的视频。学诚法师对弟子们说，接待客人也是重要的弘法。

"有事情等着自己去做，这个是好事情。人是怕没有事做，没有事做的话，这个人就成了一个闲人，闲的人就是多余的人，没有用的人。"学诚法师对《人物》记者说。类似的话，他也对弟子们说过："真正的佛法不是让人清闲、散漫、随心所欲，很多人把随缘与放下当作逃避困难的借口。"

浮华与结缘

下午三点多，学诚法师从中佛协驻地广济寺匆匆赶到龙泉寺接受《人物》记者的首次采访和图片拍摄。由于另一拨访客的突然而至，原定的采访时间被临时大幅缩短。采访是在烦琐的图片拍摄和下一拨客人的焦急等待中匆忙完成的。但就在学诚法师坐下的那一刻，整个世界瞬间安静了下来。记者问，他耐心细致地作答，风从耳边吹过，楼下隐约传来佛乐声，似乎眼前的摄像机，围观的《人物》视频团队、法师和居士们全都不存在。

禅兴法师说,学诚法师有一种"禅定的功夫",可以在忙碌的生活中随时切换状态,"从动入静,从静入动,他随时切换"。所以他总能在极度繁忙的状态下见缝插针地读书,每年能看三百本。看书的原则是只看最古的和最新的(前不久看了一本社会管理方面的书),不古不新的不看。

学诚法师自称每天忙的很多都是"跟浮华有关系的事情",他总是和弟子们说:"现在我们不能紧闭山门,如果我们还是封闭起来,只管自己的话,那么实际上我们就会被这个社会淘汰掉。"所以,他非常重视与社会的互动与"结缘"。禅兴法师在陪学诚法师会见客人时,印象最深的是"几乎各个领域他都能说上话,没有什么他不知道的"。有一次学诚法师见一位金融行业的客人,甚至说出了当天股市下跌的点数。客人有些意外,说:"大和尚您连这都知道啊。"

在龙泉寺,弟子们了解新闻的渠道主要是他们的师父。"他经常会在寺里面转,转的时候我们弟子一般会围上去,那么他就开谈了,比如最近国家有什么改革了,有什么政策,他就说出来,我们听听就知道了。"禅兴法师说。

学诚法师一直保持着一个正派而主流的形象。他旗帜鲜明地拒绝商业化,个人也从未曝出引起争议的负面新闻。在接受媒体采访时,他有时会大篇幅地谈论"中国梦"这样的主题词汇。坐在《人物》记者面前,他做的第一件事是把记者手中的采访提纲要过去,浏览了一遍,说:"我看有没有敏感的问题。"

楼宇烈完全理解学诚法师对与主流意识保持一致的重视:"中

国传统上就有'不依国主,法事难立',要借助政治的力量,借助社会的力量来传播、弘扬佛法。"而且不问政事从来不是佛教的本来面貌,在佛学经典《佛说孛经》里,通篇都在讲如何治国。

在与从政人员的相处中,学诚法师主张"结缘",考量的问题甚至细致到一个称呼。参加十一世班禅额尔德尼坐床十周年庆典期间,有一次,学诚法师在他的宾馆房间里问侍者之前怎么称呼随行的某位国家宗教局领导的秘书。侍者答:"有话直接上前说,没称呼。"学诚法师说:"这是不是不礼貌?"当天晚上,在参加完活动回拉萨的车上,他在给侍者开示的过程中又突然插入了早上的话题:"对李秘书的称呼问题今后一定要特别注意。"

侍者向师父反省:"对李秘书的称呼问题,我反省,如果只要自己修出离行,可以不管外面很多因缘,但要弘法利生,就要关照外面很多因缘。"两天前刚到拉萨的时候,学诚法师对这位侍者说:"领导们待我们很客气。他们到庙里,我们也要客气,要平等,尽管他们不一定信佛法。"

学诚法师很少袒露个人经历、情感与内心想法,回答媒体的提问时往往混杂了佛家禅语和宏大叙事。问他这么繁忙内心会感到疲惫吗?他答:"要考虑兼顾教内外相关事宜,思考中国佛教何去何从,深感肩上责任重大,尽量做到身忙心不忙。佛教里讲,一个具足五力的修行人,不论他在哪里,身心都会自主的。"

弟子们的侧面描述为学诚法师增添了更多的神秘感。贤书法师说他从没见过师父烦恼或心情低落的时候,总是"很有信心","像一个永动机一样"。甚至连恢复精力的方式也显得神秘莫测。"每次看他出差回来都是风尘仆仆,面色铁青……然后他回到方丈室以后,过一会儿再出来就红光满面了。"贤书法师说。

师父也有累的时候，禅兴法师发现"比如说出差的时候，坐在车上就睡着了"。他觉得，师父最近十年"不知不觉地人就变老了"。

贤书法师讲起学诚法师有时会和他们开的玩笑："他说我要死就是累死的。"他会经常表现出开玩笑的一面吗？弟子的回答又变成了神圣模式——"他也不是经常开。但基本上我感觉当我们弟子需要一个玩笑的时候，他就会及时给我们一个玩笑。"

陈佩斯

喜剧之光

以喜剧表演闻名的陈佩斯,
他的人生似乎从来就不像一场喜剧那样轻松愉悦。

只做了一件事情

眼下这段戏来来回回，已经排了将近10遍。陈佩斯先生离开椅子直接坐到木头地板上，屈着一条腿，深蓝粗布裤子短上去一截，露出懒汉鞋里头灰乎乎的毛袜子。"等等，"演员刚说完台词准备做动作的当口，他又一次高声打断，"这块儿得早比划，他一出声儿你就得起这范儿！"

这是六月末的一个下午，北京城开始进入一年当中最炎热的日子，陈佩斯的第七部话剧《戏台》终于到了排练的冲刺期。这一次他是导演，也是戏份最重的主演之一。一位工作人员说高强度的排练是这里的常态，周一到周六每天下午从1点半排到晚上7点，陈佩斯中间几乎不主动让大家休息，工作人员说："陈老师排起戏来，我们都不敢因为别的事打断他。"往往是一天的排练结束回过味儿来，他才觉得累，有一次在第二天开排前陈佩斯跟另一个主演杨立新说："我昨天到后面真是，哎哟，糊了，脑袋就在那想词儿。"他摸摸自己那颗标志性的光头。

至少从他在排练场上的神情判断，这大概更像是一种象征性的抱怨。他整个身体向前倾斜着，嘴里无声又飞快地跟着台上的演员念他们的台词，有时还带肢体动作，手舞足蹈的。这种时候，台下的任何动静都无法令陈佩斯分神了。他的脸上出现一种沉浸其中的享受之色，让人想起1984年那部春晚小品中他演的那个揣着小心思想多吃点面条的小演员，吃完第一碗面心满意足的神色，跟31年后坐在排练场地板上的人是一样的。

人们已经很少能在电视小品的舞台上看到陈佩斯了。在很多人看来，他似乎是在1998年之后突然消失的。民间因而流传着各种各样的故事，比如最无路可走的时候，他在北京的郊区承包了一座荒山种树，靠卖树苗的钱东山再起。这常常让他的家人和朋友哭笑不得——故事越传越玄乎，就在前两天，他们的微信朋友圈突然被一篇题为《陈佩斯：悲喜人生》的知音体文章刷了屏，在那里头，树苗又变成了石榴树。"估计是觉得树苗不够赚钱。"他的一个亲友这么说。但老百姓们总是一厢情愿地相信这是真的，作为这个时代中国最受欢迎的喜剧演员之一，陈佩斯的人生似乎理应有一点戏剧色彩，最好还是悲情英雄式的那种。

事实上，在人们的想象之外，陈佩斯的世界非常平静。这些年来，他几乎只做了一件事情：埋头研究自己的喜剧理论。

喜剧可以算是所有戏剧形式当中最困难的一种形式，指导戏剧创作的理论已经相当丰富和扎实，专门针对喜剧的理论却非常少。尤其是在中国，几乎所有喜剧创作者都是经验主义的，编剧和演员凭借前人的传授和自己的想象揣测什么样的东西能把观众逗乐，舞台上的很多喜剧看起来都像是网络段子的拼接。

陈佩斯是这条路上当之无愧的先行者。他运用逻辑和人物冲突制造喜剧桥段，创造了"父子情景喜剧"、窘境、差势、悖逆等一系列喜剧理论和手法。多年以来，陈佩斯大量阅读国外经典文本，以此为范式，在中国的文化层面上进行发展。

他的儿子陈大愚记得,从初中开始,他就老听爸爸在耳边念叨这些,"他就跟念经似的",哎呀,这两天又琢磨通了一个东西。自己不搭话,陈佩斯就在一边给你不停递话:"你只能嗯啊嗯啊,越说脑子越跟着他转,游戏也玩不了了,输了,就这么着。"陈大愚是理科生,思维条理性强,陈佩斯偶尔会让儿子帮忙整理。后来,陈大愚子承父业,也入行当了喜剧导演,爷俩曾经一起"演算"过"差势论"。他举了个浅显的例子解释差势论:"假如你是观众,旁边有个人从这边往那边走,我在地上挖了一个坑他不知道,而你知道的东西多一项——于是你知道他要倒霉了,坑挖得越深,你就知道他越倒霉——你们俩所知道的东西相减,就是你的笑声。但如果这个人会摔死,这个就超过了观众的道德评判线,这就是悲剧。"

"喜剧是超理性的一个艺术创作。"陈佩斯说。四十来岁的时候他迷上打游戏,整宿整宿地玩儿,后来因为工作,硬生生给戒了。他原先还会抽几根烟,但演出必须得嗓子好,于是也给戒了。

2015年,陈佩斯61岁,除了喜剧,他好像渐渐成了一个没什么业余爱好的人。"他生活当中有的时候偏严肃了,"老搭档朱时茂说,"他是一个能够忍得住寂寞的人。"两个人多年以来谁也不服谁,但朱时茂挺佩服陈佩斯这一点。

就像现在,台上的演员已经又重来了三遍,蝉鸣一浪一浪扑进屋子,陈佩斯脸上依然挂着那种特有的享受之色。他站起来,亲自上台又示范了一遍,接着不紧不慢地给演员讲:"这在喜剧理论上叫'忘掉目的',特别小的一个,忘掉目的的一个套路,突然忘了,忘掉你在跟谁说话。"

高精尖武器

2013年,陈佩斯导演了一部名为《好大一个家》的电视喜剧。他离开电视屏幕快二十年了,这几乎算是一个小小的奇迹。

朱时茂觉得这跟自己一次又一次的劝说有那么点关系。自从陈佩斯2001年开始做话剧,他就一直不太认同老朋友的选择。陈佩斯做第一部话剧《托儿》的时候朱时茂答应帮他出演,第一轮演出三十三场一过,他跟陈佩斯说自己"再不演了":太累,太寂寞,同一个舞台同一台词,一晚上最多两千来个观众。

有一回,两个人在朱时茂家的客厅里拍着桌子吵。"我说你不要认死理,你在这儿咬这个屎橛子,给你馒头都换不下来。我说你要认可现在的形势,你现在,你陈佩斯,我说从影响力来说,慢慢地人家就把你淘汰了。"

"淘汰，淘汰挺好。我就这样，淘汰就淘汰。"他记得陈佩斯当时这么回答。

朱时茂对《人物》记者回忆说，他当时不认可，"我慢慢地说多了，说得他也有点动心，要不他《好大一个家》也不会去拍，他也有点动心，我就觉得"。

陈佩斯自己却不这么认为，他说自己只是想做个实验。"我们做这么多年的对喜剧的探索，我觉得有一些指导性的东西，如果用在喜剧的电视剧上行不行，我就想做一些尝试。"从2005年的话剧《阳台》起，陈佩斯开始在舞台剧作品当中综合运用自己的喜剧理论，也对喜剧的工作方法有了新的感受。他认为，喜剧是依据条件存在的，"在喜剧组合成的时候，都是某种力和某种力相遇，产生一种新的形态，人就会笑了"。创作者找出人物的行动线，然后利用另一个事件或者情况刺激导致人物行动被迫中断，这就是"悖逆条件"。他看了《好大一个家》的剧本，发现里头每一个都是好人，暖暖的爱意，这种情况下悖逆点要怎么找呢？"所以它有时是一个新的命题，新的实践"。

在中国，像陈佩斯这样系统性研究喜剧理论技术的演员恐怕找不到第二个。他曾说自己是"做学问"，研究成果能写好几篇博士论文，但多半是发不出来的那种，因为哪怕是行业里也没有多少人真懂。

2012年，他开办大道喜剧学院开始培养喜剧人才，培养方法跟过去的"团带班"相似，老演员带新演员，手把手教。学生进来之后第一堂课，讲的是"人类的笑行为"，陈佩斯从原始人类的进化和笑产生的生理机制开始说起。一期学员睢防防原本是个游泳教练，看着陈佩斯的小品长大，对他的印象还是电视里那个憨傻的"陈小二"，然而第一天面试，睢防防被他那双出了名的小眼睛盯着，突然就紧张了："你也看到了他平时什么样，就特严肃，开玩笑也特严肃。"听他在课堂上讲原始人和鱼的关系，学生们一个个都云里雾里的，大家不敢睡，硬撑着。陈佩斯也知道学生们听不懂。他跟他们说，先记，记下来，有用的时候是在后头。

陈佩斯喜欢结构性的喜剧，将窘境和人与人之间的差势运用得十分纯熟。他的第四部话剧《阳台》，舞台上所有的门和窗都被利用起来，一个空间被分割成几个空间，这几个空间相互还有关联。这种空间关系，造成了讨薪农民工老穆"该看见的没看见，不该看见的全看见了"的窘境，形成笑料。"就在它那个基础上我比它还要再往前走一步。我甚至能让两组矛盾走在一起，在一个空间里头演，但我的语言上是不穿帮的，这个是他们做不到的，他们到现在，欧洲的喜剧到现在没有做到这一步。"陈佩斯双手舞动着解释，通俗地说，就是几个人在一个空间当中各说各话，但非常合理。

这种技术最早用于他和朱时茂的小品《警察与小偷》。警察问小偷，你在哪儿上班？小偷答，派出所。警察问，派出所出来去哪儿？小偷答，去监狱。那是20世纪80年代，陈佩斯和朱时茂凭经验觉得这个方法有意思，把更大的优越感给观众，让台上两个人都处在不知情当中，"我们当时从经验上判定这个方法是可行的，但是原因，我们不知道"。

2004年做《阳台》起，陈佩斯开始研究喜剧的本体，"从方法过渡到它的根性的东西"，才发现原来自己早就在不自觉的情况下用过这些喜剧理论。他迷恋这种可预知的、规律性的技术,"因为你会发现好多有规律性的东西,无论谁拿了,用了它,都可以创造笑声,所以特美妙"。

老戏骨杨立新这一次是《戏台》的主演,跟陈佩斯磨了一个多月的戏,他觉得陈佩斯应该"写本书"。"他有一个独特的方法就是呼吸,实际上他说的是生理和表演的关系,"杨立新说,"我以前给人家排戏的时候,总是全都谈完了,启发完了之后,他还是演不出来。而陈佩斯就调呼吸,我这回学了一招儿。"

在喜剧理论的研究上,陈佩斯已经走了很远,远到圈子里已经没什么老朋友能跟他毫无障碍地聊这些话题。他说自己现在是"一把一利索",跟谁合作,就把自己这套理论灌给对方。《戏台》的编剧毓钺是他几十年的朋友,两人探索方向不同,一个专攻戏剧,一个专攻喜剧。陈佩斯一直想让对方接受自己的理论,两个固执又较真的人碰到一块儿,谁也没法说服谁。直到去年,毓钺终于不抵触了,陈佩斯回头算算,已经是十多年过去。

通常情况下,陈佩斯不大爱跟外行人聊这些东西,用他的话说,大家对戏剧本体的理解差太远,"没多大意义"。那些美妙的喜剧技术更像是他掌握的高精尖武器,"掌握了这种高技术的人永远是少数,就像科学技术是一样的"。他非常希望把它们一代一代传下去,但是他并不着急。

而面对观众的时候,这一切技术都不重要了。让大家笑,让所有人都看懂,这是他唯一的目的——他压根没想过让观众去了解笑声创造背后的复杂之处。"喜剧是服务行业,"陈佩斯说,"笑是每个人的基本权利。"

天命

《人物》记者第二次见到陈佩斯的时候，排练还没正式开始，演员们坐在四面通透的排练场里扯闲篇。杨立新说起最近股市大跌，一群人热烈地讨论起来，一会儿又聊到老北京城有哪些好吃的好玩的，哈哈哈地乐。陈佩斯一直没有参与话题。他一个人靠在窗台上摸着脑袋，不时剔一剔牙，像公园长椅上一个悠闲自在的大爷。

60岁以后，他的精神头比以前差了些，"时间对我来说越来越贵"。以前上午还能写写东西或者处理点杂事儿，现在都推了。他每天早晨5点多起床，给那只养了5年的猫刷刷毛、喂喂食，再回去睡个回笼觉。10点钟起来，这回头脑真清醒了，就看看书，吃午饭，等着下午的排练。他不大爱交际，没戏的时候就窝在家里，有时候陈大愚甚至觉得爸爸"离观众有点远"。

在2015年7月中旬上演的《戏台》是一个发生在民国时期的故事。其时，军阀混战，新主洪大帅刚刚占领京城不久，全国闻名的五庆戏班进了城，带着大名角儿金啸天在德祥大戏院演出三天。五庆班主侯喜亭和戏院吴经理正为戏票售罄而高兴，意外却来了。金啸天大烟过量昏迷不醒，送包子的票友伙计大嗓误被当成名角儿，洪大帅为庆祝胜利要求包场，并勒令戏班改戏……侯班主和吴经理东拆西补，阴错阳差，戏台彻底乱了。

陈佩斯在戏里扮演那个不停挣扎与妥协的五庆班主侯喜亭。他极喜欢这个故事，称它为"35年以来我遇到的最残忍的喜剧"。

"这次表现的是两种秩序,一个秩序的被破坏和被强迫着往前走,以及走的时候,一个社会在变革时候那种阵痛和痛苦……我个人认为喜剧的内核是由悲情引发的,悲情是喜剧的动力,而且是核心动力。所以这一个戏的悲情之大,让我在创作的同时,经常就是陷入很痛苦当中。"

陈佩斯在少年时代被送去内蒙古兵团,为了能吃饱饭,跟父亲陈强现学两下表演把式,考回北京进了八一电影制片厂。他原本对表演"特别讨厌",直到小品成功之后,温饱问题解决,他看着台下观众前仰后合的热烈反应,才开始真正喜欢上喜剧,回到老本行电影。20世纪80年代,中国还是喜剧的荒漠,陈佩斯拿着喜剧剧本坐火车去西安电影制片厂寻求合作,厂长根本就没见他。副厂长咬着牙看了剧本,说:"非常抱歉,我们西安厂拍艺术片,不拍喜剧片。"陈佩斯只好自己成立影视公司,自己做制片人,最后自己发行。"我是为了自己喜剧的出路所以不得不做这个选择。"

那边的聊天还火热着,不知道聊到什么,有人突然说了一句:"佩斯老师以前对这个盗版是深恶痛绝啊。"

大家都看向他。而这一回,陈佩斯慢悠悠地搭话:"现在不恨了,无所谓。虱子多了不痒。"他趟过这个话题,认真地问大家:"哎,是虱子多了不咬还是虱子多了不痒啊?"大家哈哈一笑,居然也认认真真争论起这个来。

他的学生陈志说,老师这两年明显变得更宽厚了。前几年给大家排戏,有一点不对,当场就骂出来,黑着一张脸:"就损你两句,怎么能笨成这样啊!"急起来的时候他就一圈一圈在台上打转,谁劝也不管用。第二天早上来了,老师先自我检讨:"对不起啊,我昨天比较急,把气氛搞得比较僵,这不对。"两场戏一过,脾气又上来了,"没办法,陈老师就是对戏太认真"。60岁生日一过,大家都发现他变了,"他很和蔼的,在排练场基本没再发过脾气,挺可爱的一老头"。学生们在私底下议论,哎,果然六十耳顺了。

陈佩斯享受这种宽厚。这也是他喜欢《戏台》的原因之一。这是一部宽厚的戏,不像《阳台》这样的现实主义题材那么刻薄,"人在不同的年龄段会有不同的审美,像到了60岁的时候,审美肯定要变一变,但是在四五十岁的时候,可能会觉得尖刻一点,挺过瘾,所以呢,不一样"。岁月消磨着他的体力和精力,却也给了他一些特别的馈赠,他觉得自己对喜剧的理解又深了一层:"那种东西显得特别薄,力量特别薄,深入不到作品里头去了,觉得甚至无法表述我要完成的这个作品……喜剧需要真实,喜剧不需要宣传,不需要那种让人热血沸腾的宣传。那种刺激人的激情的东西不属于喜剧,喜剧是超理性的一个艺术创作。"

现在,他越来越觉得自己走上喜剧这条路是某种"天命"使然。最开始碰上朱时茂,两个人性格天差地别,根本就谈不到一块儿去,然而互相认识就是几十年,"你躲都躲不掉的一个人",这是命,得认。后来他尝试过很多其他行业,每一回都是到了最后关头,"那些就过不去,就让你过不去,非常奇怪",渐渐地几十年就那么过去,"我才知道,哦,是有天理一说的",这是命,也得认。

兜兜转转,时代的洪流涌起又退去,陈佩斯还是回到喜剧这条路上。这一次,他不再逃避,不再痛苦,一心往深里钻下去。

"这种随遇而安,你认识到了,那你就顺顺当当走就对了。有些事你也不用怕,别管碰到什么事,有多大难处,都会过去的。所以我现在心里就特别安静,有些事比方过得去过不去,我知道总能过得去。"

回想当年最困难的时候，陈佩斯为了给自己的喜剧找一条出路，他孤军奋战地在电影行业里趟路，每一部影片都是一场磨难。陈佩斯形容那感觉就像是一个人掉到发洪水的河里，"和泥沙、石头、树、人、死人和房子一起滚着往前走是一样的，那种挣扎，那种无助，那种痛苦"。时间长了，最后只觉得这洪水没完没了，"算了，你别跟它较劲了，上岸吧"。

他的岸就是话剧。陈佩斯坐在排练厅看着他的一班演员，眯缝着眼睛笑起来："还好，回头是岸。"

你听过的最好的人生建议是什么？

我从来不听，我从来不听什么人生建议，我不需要那种心灵鸡汤，我不需要。我就想，自己能做自己喜欢做的事情，一件一件做下去就好了。

你最怀念哪个年代？

今天，今天我所做的这些事情，我日后一定会很怀念的。就像我上一次创作《阳台》的时候，那时候真苦，找不着出路的时候，见不着光亮的时候，内心特别焦灼的时候，那时候我的精神很受打磨、很受煎熬。

但是呢，咬牙过来以后，最后我和同事们一起把它扛过来之后，现在非常怀念那个时候。我想今天我也很难，也碰到很多困难，很多觉得自己驾驭不了、完成不了的东西，但是咬牙过去以后，也许，我相信我现在的这个创作过程也是我今后能够怀念的一个时间段。

你最希望看到这个世界的一点改变？

作为一个动物的本体，不改变是最好的，但是无奈，这个世界，连气候都要改变，这个地球也要改变，地球也是一个生命，所以呢，想不变也不行，所以我就没什么好想的，不想那么多。我不想这个地球、这个世界有什么改变的事，不想那么多。认认真真把当下的事情做好，对于我这个岁数的人是最重要的事。

刘慈欣

投向广阔宇宙的
最后目光

那些书写科技阴影下的人在其异化过程中各种纤弱敏感心跳的作品无疑将被严肃文学收入其"愈发内向"的殿堂,而《三体》或许就成了人类在文学创作中投向自身之外广阔宇宙的最后那几道目光之一。

轰炸

2015年9月14日，获颁雨果奖后20天，刘慈欣第一次走进中南海，参加有关领导主持召开的与科普科幻创作者的座谈会。两年前领导去山西，文联送了他一套《三体》，三本加起来一千多页。刘慈欣当时想，人家哪会有时间看。结果这次开会，刘慈欣看到一套翻旧了的《三体》摊在领导手边，"上面画线画得密密麻麻。而且他对国内外科幻创作的情况相当了解，这让我挺吃惊的"。

在刘慈欣之前，从没有亚洲作家获得过雨果奖。在由刘宇昆代为宣读的获奖感言中，刘慈欣写道："对我来说，雨果奖显得很远，我从没想过自己会跟它产生关系。"现在，雨果奖里程碑式地宣告了刘慈欣在世界科幻文学中的重要位置。

2011年，刘慈欣落笔完成了《三体》三部曲的写作，中国科幻从此由幕边走向台前，从小圈子进入公众视野。截至雨果奖颁奖，《三体》三部曲销售超过70万套（每套三本，即210万册）。而在获得雨果奖后的24小时内，网上又卖掉了2万套。《三体》电影版权早已售出，担纲主演的是偶像艺人冯绍峰和张静初。2014年开始，三部曲的英文版由美国专业科幻出版社Tor Books陆续推出，获得第73届雨果奖最佳长篇小说的正是其中由美国华裔作家刘宇昆翻译的第一部:《三体:地球往事》。

通过创作这套讲述地球文明与"三体文明"如何在残酷宇宙中对立并依存的小说,刘慈欣获得的最常见评价是:他以一己之力将中国科幻提高到了世界级水平。科幻小说往往被称为点子文学,商业化的写作者会把一个平庸的点子撑成一本书去卖钱,而刘慈欣却慷慨异常:他在《三体》系列中贡献出的是密集而震撼人心的点子集群。《科幻世界》副主编姚海军向《人物》记者历数:"宇宙社会学、黑暗森林、猜疑链、技术爆炸、降维攻击……这么多个可以单独写成长篇短篇的创意,刘慈欣把它们全部塞到了《三体》里,对读者来说,阅读的过程就成了一场激烈的'认知轰炸'。"

被轰炸的还有刘慈欣的同行——中国的科幻小说家们。"我们之前写的那些东西,在《三体》面前被碾得粉碎。"科幻作家韩松说,"我们的确是不敢搞科幻了。"

版图

获得雨果奖多多少少为刘慈欣的生活带来了改变。他这一年最快乐的时刻也因此诞生——那是得奖后的两三天，他突然收到一条来自中国宇航员的短信，大意是"祝贺你获奖！我们这群人一直在读你的书"。署的名字是一串——不是一个，刘慈欣强调。他在航天系统有熟人，之前也知道"在这个系统里有我的读者"。但这样直接、明确地被告知、被祝贺还是头一次，"我真的很激动"。

那一刻的快乐胜过了8月23日雨果奖在美国小城斯波坎颁奖当天。那天刘慈欣人在山西阳泉，一如既往地晨跑、游泳，然后把自己关进书房。两个月前他入选星云奖，并为此刚去过一趟美国，结果却扑了个空，为了避免同样的尴尬发生，这个谨慎的人选择与雨果奖擦肩而过。他当时没料到这件事会成为他的年度遗憾——当他得奖的消息由美国航天局宇航员Kjell Lindgren从国际空间站用视频连线宣布，他却只能眼睁睁地看着《三体》英文版译者刘宇昆代他捧起奖杯。对刘慈欣而言，由宇航员来念出他和他作品的名字这件事是比奖项本身更梦幻的荣誉，从少年时代延续至今的太空梦是他全部科幻写作的起点，这份初心至今没有改变。

《三体》的版图在中文世界里不断扩张，其中最超出刘慈欣预期的就是互联网圈对《三体》长盛不衰的追捧。雷军曾在金山集团的战略会议上反复分享他读《三体》的体会，称其"不仅仅是最好的科幻小说，本质上是哲学"，对此表达共鸣的还有马化腾、李彦宏、周鸿祎。在研究科幻小说的北师大教授吴岩看来，是刘慈欣创造的冷酷宇宙社会学——黑暗森林法则，让竞争激烈、标榜狼性文化的互联网公司充满了代入感,甚至于被奉为"圣经"。这个法则强调,宇宙就是一座黑暗森林,每个文明都是带枪的猎人,像幽灵般潜行于林间,轻轻拨开挡路的树枝,竭力不让脚步发出一点儿声音,连呼吸都必须小心翼翼:他必须小心,因为林中到处都有与他一样潜行的猎人,如果他发现了别的生命,能做的只有一件事:开枪消灭之。

当雷军表示他根据《三体》制定了公司三到五年的发展战略、马化腾说服刘慈欣接受出任腾讯游戏首席想象力架构师的邀请时,刘慈欣已不可避免地成为中国互联网时代最高光的作家。但刘慈欣还是告诉《人物》记者,他完全不懂互联网思维,被"大佬"们拉上台座谈时会觉得尴尬。

尴尬常常出现在刘慈欣的感受之中。《人物》记者对刘慈欣的拍摄在他的母校——阳泉十五中(当年叫三矿中学)的一间阶梯教室进行。但这样的地点安排并没有让他感到放松,他比原定时间到得早,一口气登上五楼,趁着学生没下课迅速穿过长长的走廊潜入临时搭的影棚,生怕引起注目。他拒绝了视频导演希望能拍一些他在篮球场跑动的画面,"太夸张了,招人围观"。

中场休息时,刘慈欣点了根烟站在窗前,郁闷地抱怨:"作家应该躲在作品之后啊。"像他的偶像阿瑟·克拉克那样——在斯里兰卡避世,这也是他必须生活在小城阳泉的原因之一。

"我生活在山西,这本身就可以为我抵御很多干扰。"刘慈欣说。这位在娘子关发电厂工作了25年、号称"仅以业余时间来写作"的高级工程师一直以来试图保护自己科幻创作之外生活的平静,直到2015年获得雨果奖。长期以来,科幻在中国的文学版图中处于极其边缘的位置:一方面它从未被纳入严肃文学的评价体系,另一方面它的受众面也远不及其他类型文学，比如言情、玄幻等庞大。在吴岩看来，中国科幻是个尴尬的存在。在20世纪50年代到70年代，它承担过描绘"大跃进浮夸风"的想象，但到了80年代，也曾因为某些原因，一度沦为"反精神污染的靶标"。

如今，领导在座谈会上肯定着雨果奖的荣誉，鼓励科幻工作者们多创作，"为中国梦注入科学正能量"。某种程度上，这与刘慈欣的想法不谋而合。刘慈欣相信科幻是盛世文学，其发展与社会稳定、经济繁荣、科学进步的密切关联度超过了其他任何可能的文学类型。"一种只有在太平盛世才会发展的文学。一旦出现某种社会动荡，科幻就会跌入低谷"。

在分析《三体》能获得雨果奖的原因时，刘慈欣认为自己能获奖与中国如今的大国存在感不无关系，"有了存在感才会有文化上的话语权"。

纲领

国际上科幻创作的潮流是质疑理性、反思科学。"在19世纪跨过儒勒·凡尔纳短暂的'科学颂歌'时代后，一个多世纪以来，西方世界所有的科幻创作者几乎都是顶着反科学主义的共同纲领进行创作的。"上海交大科学史教授江晓原告诉《人物》记者。20世纪之后，几乎所有西方科幻作品中的未来世界都是黑暗和荒谬的，就是这个纲领的最好例证。

以2013年美国著名科幻杂志《轨迹》公布的新世纪十大科幻小说（结果由读者投票产生）为例，《发条女孩》写的是人类因过度依赖基因改良技术而生态平衡崩溃、食物链断裂的悲惨世界,《垂暮之战》如同科幻版《自私的基因》,而赛博朋克主义者们则继续热衷书写人脑和电脑相连、手机成为人体延伸器官、极客男孩和机器人的性爱之类的故事。

但刘慈欣是一个另类。他仍然在"过时地"描绘着人类对于太空的恐惧和梦想,不惜笔墨地构筑星系文明间的权力关系,着迷于波澜壮阔的主题,顶着"相信科学技术终将解决人类社会一切问题"的纲领写作。在江晓原看来,刘慈欣证明了一件事,即一张"过气"的创作纲领也未见得会彻底失去活力,如果假以刘慈欣这样

具备真正创造力的"大神"之手,"过气"纲领下一样可以诞生一流作品。

对刘慈欣而言,科技发展的焦虑当然存在。但他从未有过怀疑科学的时刻。他如今所面对的困境是:科技的进步逐渐从"轰"的一声变成了"嗖"的一下,科技不再让人目眩和震惊了。但他始终是这种作者:唯有宏大,才能诞生创世的快感。在《三体》之后,他尚无新作面世,"之前花两三年在写的一个东西,后来还是全部推翻了"。

从这个意义上说,他接受如今科幻界对自身的判定:科幻在式微。最终,那些书写科技阴影下的人在其异化过程中各种纤弱敏感心跳的作品无疑将被严肃文学收入其"愈发内向"的殿堂,而《三体》或许就成了人类在文学创作中投向自身之外广阔宇宙的最后那几道目光之一。

张艺谋

一只比较像
变色龙的老虎

一直在死磕自己,
真的要把自己磕死。

找剧本

《归来》官方电影海报

接受《人物》记者采访时,张艺谋先生热衷分享寻找剧本的故事。这是2014年4月21日《归来》发布会张艺谋接受的最后一个采访。晚上十点一刻,工作人员催促时间到了,张艺谋准备起身离开,当听到记者问"难道张艺谋还会缺剧本"时,立刻停住脚步,以一种强调的口吻说:"缺。"

"怎么会这样?"

"怎么会这样?"张艺谋睁大眼睛,"这样已经三十年了。"他回身坐下,继续说,"从第一部我导演《红高粱》开始,我到现在,手里从来没有两部我都喜欢的,都达标的,这两部先拍哪一部?我从来没有出现过。我永远出现的是吃着碗里的,看着空锅。都不是看着锅里,是看着空锅。然后碗里吃完了,把碗放下,锅还是空的,怎么样,临时抓一把米扔进去,烧起来了,做饭吧,净是这样子。"

所以,张艺谋习惯手上同时进行三四个电影项目,常常一边拍摄新戏,一边准备下一部电影的剧本。2011年拍摄《金陵十三钗》时,《归来》已经召开过好几次剧本讨论会了。"我常常是这么套着走,"张艺谋伸出两只手,交叉着在空中绕了几个圈,"他们说我就像个开关一样,'啪唧'一开,就到那边去了。"

张艺谋在剧本方面存在强烈的"危机感",一是由于电影大环境不好,创作水准在下降,还有就是"有的项目有意思,但比如又有审查的原因,也会黄,所以他就一定要同时弄三四个"。编剧顾小白告诉记者。

张艺谋早年的成功很大程度上得益于20世纪80年代中国文学的繁盛,优秀作家滋养了电影,"张艺谋只需要把它放进自己擅长的北方语系里,然后与自己更感同身受的那种压抑的东西结合在一起,就既有特色,又有冲击力,又有表达"。但现在纯文学已经变成自娱自乐的圈子文化,"不像那个年代,它既是纯文学,又是大众文化"。

顾小白是70后的自由编剧,2010年曾与张艺谋合作过《山楂树之恋》,"他对文学深度和向度的理解,还有对人性深度和向度的理解,还是有一定缺憾的。他毕竟不是这方面的宗师,所以他迫切需要文学沃土的滋养才能定神"。顾小白认为张艺谋更擅长从视觉分析剧本:怎么拍人物好看?如何为故事营造氛围?"或者说他总有自我的主题,但总是失之简单直接,不够锋利且幽微,只能用形式感来补偿"。

张艺谋承认自己不是一个创作型导演,只擅长借题发挥,不擅长白手起家,以前尝试写一个故事,但"没怎么太整出来",所以对剧本"超强关注",这些年主要精力投入马不停蹄地发掘题材,"一直在找,一直在找"。

"导演老是吃了上顿没下顿,总是题材供应不上。"张艺谋工作室的文学策划周晓枫对《人物》记者说。她自2006年筹备《金陵十三钗》起和张艺谋一起工作,长期为张艺谋搜罗小说、对接编剧。

张艺谋跟《人物》记者举例《活着》和《秋菊打官司》,"都是边拍边改边攒,都是临时抱佛脚,本来是拍个东,结果来了个西"。

《活着》前,张艺谋正在准备余华的先锋小说《河边的错误》,一稿出来了,文学策划王斌拿来余华新写的一个故事,"就是《活着》,也是个清样"。张艺谋第二天根本不想讨论《河边的错误》,"我一直在说《活着》《活着》《活着》,最后问,哎,你这个没人要吧?余华说,还没有发表。那我先拍这个吧"。

《秋菊打官司》也是如此。张艺谋在重庆为《一地鸡毛》选外景,但"找不着感觉","已经建组了,花了钱了,怎么办?临时找,我说咱们分头上街去买杂志,所有的人上街给我买杂志。买回来一床的杂志,分头看,看到《小说月刊》还是什么上头,看到陈源斌的《万家诉讼》。赶紧打电话,陈源斌哪儿的?湖北的还是哪儿的？赶紧打电话，就通过我们的文学策划……我记得那时候电话不发达，在外头排队，在邮电所门口排队给陈源斌打电话，说，你没卖吧？没有。没有给我们留着"。

绘声绘色地描述当年的慌乱后，张艺谋笑了："就是个怪圈。我到现在就是突不破这魔咒，就是永远手里没有两个东西等着我选。"

最近几年，张艺谋发现得去抢剧本。投资人都懂了一个浅显的道理，抓题材、抓剧本。所以，现在好小说、好剧本，甚至年轻学生里出现一个好写手，大家一窝蜂地去抢，有时候不惜砸重金买断，"没有人专门说留给张艺谋，放着白花花的银子不要，没有这个事情"。

《归来》原著《陆犯焉识》是周晓枫推荐张艺谋看的清样，他看完第一反应，马上找作者严歌苓谈。"后来歌苓就给我了。"他以一种侥幸又得意的口吻说，"幸亏《陆犯焉识》这个信息周晓枫给我给得早，晚给三天，歌苓也卖了。今天就不是我坐在这儿接受访问了。"

《归来》是张艺谋非常喜欢的家庭题材。"日后我还会拍这样的故事，如果碰到合适的题材。拍不完的，拍不完。"他说，"中国的这个东西，就是家庭式的东西。"

三个月前，张艺谋去美国拜访斯皮尔伯格，当得知对方有四个合适的剧本正在挑选，"我就觉得很幸福，我没有这个可能"。他将近些年创作的无序归咎于剧本质量，"基本上逮着就是……反正差不多，哎呀，选一个拍吧"。那有什么自我设计？"没有，抓一个是一个"。

不拍行不行？"我又闲不住。"他自嘲中带着无奈，"如果能闲住，那也好，反正我就在这儿待着，三年四年在这儿待着，我又闲不住，就抓一个拍，抓一个拍。"

折腾与折磨

参加完2014年5月举行的戛纳电影节，张艺谋的《归来》之旅结束了，不在片场的日子里，他通常待在位于北京东三环的工作室，从中午持续到凌晨两点，工作"分秒不休"。

在《张艺谋的作业》的作者方希眼中，张艺谋永远是"一直在死磕自己，真的要把自己磕死"。

方希是作家、图书出版人，与张艺谋工作室的文学策划周晓枫是好朋友。2010年张艺谋动身拍《金陵十三钗》，发现家里有很多老照片，担心搬家就丢了，周晓枫建议把这些照片结集出版。张艺谋本讨厌给自己树碑立传式地出书，但周晓枫的提议让他心动，所以找来方希，做访谈，聊照片背后的故事、成长经历、电影之路。访谈自2010年开始，2012年结束，成稿、出版。

两年多时间里，方希在张艺谋工作室和他聊，有时插空聊一两个小时，有时连续聊十二个小时，时常聊得方希"已经完全脑子不转了，就像个傻子一样"，但张艺谋还在"满场飞"，张艺谋不是在"讲故事"，而是在"演故事"，"80%都是站起来演的，他现在是这个角色，然后突然又变成那个角色，还有画外音"。

这之后方希和张艺谋成为朋友，现在也偶尔去参加他的剧本讨论会，但她不愿意像周晓枫一样待在张艺谋身边长期工作，因为"怕消耗"。

周晓枫抱怨，跟张艺谋干活，相当于接受某种程度的劳动教养。锻炼之后面对两种结果："或什么苦都能吃，举重若轻；或因工致残，生活不能自理。"

一次，张艺谋正谈得热烈，忽然想起另外一事，出去交代。讨论已至深夜，周晓枫喝的三杯咖啡已经不起作用，"眼神和世界观又是一片模糊"，赶紧又喝了一杯。张艺谋回来后，宣布会议结束。"咖啡刚刚下肚，早知根本用不着喝。""哎呀，刚喝咖啡？可不要把能量浪费了，那咱们接着谈。"

张艺谋爱开会，眉飞色舞，神采奕奕，激情澎湃，手舞足蹈。方希曾亲眼见过一位知名剧作家"已经反应迟钝，因为消耗得太多了"。顾小白对《人物》记者说："比如上午开《金陵十三钗》的会，下午可能就开另一个会了，那一组编剧再进来，再开，一直开到晚上，他又和副导演或者美术、作曲再开会。"有的人不善于当众表达，有的人觉得自己说话难听，当众给张艺谋提意见不合适，张艺谋就换一种方式，单独聊。

在外拍戏时，张艺谋习惯回到酒店马上开会。二十年前拍《活着》，每逢通知开会，剧组人员已不说"开会"，而是互相嚷嚷——"运动"喽！这是导演谢晋的电影《芙蓉镇》中的最后一句台词。

王斌是张艺谋早期电影的文学策划，合作过《活着》等电影。王斌记得，那时候常听到巩俐站在楼道里扯着嗓子喊："各位'经理'，开始运动喽！"会议经常开到凌晨三点，大家困得都睡了，"艺谋对这一切仿佛视而不见，继续逮着还在那儿硬挺着的葛优和我神侃"。葛优扛不住了，躲进角落，把剧本往脸上一盖，背面写着两个字"活着"。

《活着》有大量的皮影戏，夜戏很多，严冬十二月份，有一天，天快亮的时候,整个剧组一二百号人全都睡着了,巩俐裹着军大衣也睡了。"艺谋还想干,可是大家都干不动了。艺谋只好像条狼一样的,一个人很孤独地走来走去,走来走去。"编剧芦苇对记者说。

等折磨完别人,张艺谋开始第三轮工作:剪辑。他习惯白天拍,晚上剪。孟佩璁自2011年《金陵十三钗》起担任张艺谋的剪辑师。她告诉记者,导演往往花四五个小时剪当天的素材,一般天快亮了才睡,第二天一早接着拍。讲到这里,孟佩璁的丈夫、特效制片人谷平湖忍不住补充:"我觉得他是一外星人。"他也曾在张艺谋剧组担任过剪辑师。

北京电影学院院长张会军是张艺谋的大学同学,认识36年,是非常交心的好朋友。他印象中,张艺谋时常"把编剧给弄跑了,那真是好多编剧。N多编剧,N多副导演,最后熬得呀,说导演,我们不干了,我们不行了"。

《山楂树之恋》的男主角窦骁接受《人物》记者的电话采访,他记得当年"所有的戏都是20遍起"。有一场戏,静秋到医院问老三是不是得病了——实拍92遍,不加提前练习的20遍,总共演了112遍,从上午11点拍到了下午6点,"最后真的都不知道自己嘴里边在交代什么词儿,我说的词儿我都不知道自己在说什么"。

在文学策划王斌眼中,张艺谋是他见过的最愿意听取意见的导演。他会让助手把每一次会议的批评意见记录下来,贴在墙上,拍戏前反复看,反复分析。但心里坚持要干的,绝不让步。

周晓枫与张艺谋合作八年,两人时常吵得面红耳赤,"有的方案,一点都不可能完成,他就不信。有时候我们做了半年、八个月,一个字没留下,你说你多难受"。

她批评张艺谋:"他是个艺术上敢于冒险的人,愿意为此付出头破血流的代价。所以,一旦发生方向性错误,张艺谋的认真性格,帮的都是倒忙。别人只肯走到五十步的错误,由于他的刻苦努力,能坚持错到百里之外,乃至错到荒无人烟的死路上而不自知。从不敷衍了事,每个错误,都是他认认真真、实实在在、勤勤恳恳去努力犯下的……他把品性上的优点,扎扎实实地转换为作品上的缺陷。"

活得就是有法有天

习惯性恐慌

方希曾问张艺谋:"有没有想过哪一天可以把脚步放缓,甚至站住,看看,想想。"张艺谋说:"没有,我不能,我现在没法想象,就是我脑子里没有出现这样一个画面。"

他解释,他们这一代人接受的教育,不会善待自己,不懂得享受。回想经历,一步一步碰上好机会,同代人比你有才华的不少,上一辈人就更不用说了,"你还在浪费时间,虚度光阴?说不过去"。另外,"我多少次都是抓住头发丝那么细的机会才到今天,我怎么敢浪费这个时间?不敢"。

作为一名图书出版人,方希接触过很多中国成功人士,张艺谋这种极度紧张型人格非常罕见。"恐慌"是张艺谋人生的关键词,若是忽略这些,就无法完全理解他。"从他个人的经历上来讲,他永远是个边缘人。"方希说,哪怕现在,"他很清楚地知道自己的江湖地位,但并不会因此而觉得安全,恰恰如此,他特别不安全。"

张艺谋的爷爷是老燕京大学的毕业生,父亲毕业于黄埔军校,是国民党员,按昔日的政治标准,他的家庭是历史反革命加现行反革命,张艺谋从小被人叫"黑五类""狗崽子"。

在咸阳市棉纺八厂当工人时,工厂通知"党团员和要求入党入团的积极分子留下来,其他人可以走了",全车间800人,只有张艺谋一个人得走。后来通知的次数多了,就直接喊:"张艺谋,你可以走了。"到最后每到通知开会,张艺谋就自觉地拿起饭盒走人。

上大学时,张艺谋比同届同学大了差不多十岁,由于是非正式招考生,学校里时常贴着声讨张艺谋的大字报,"是一个随时可能被踢出去的人"。

大学时张会军与张艺谋同宿舍,"头对头"地睡,"张艺谋的床靠墙,冲南,他时常坐在床边,不爱说话"。大学前两年,张艺谋时常忧心前途,"他还有一个特悲壮的就是,一放假,跟哥儿几个握手啊,说什么再开学可能就见不到了"。大学三年级,张艺谋被批准成为正式生,变得开朗些了,摄影作品发表后拿了稿费,能请宿舍同学"结伴儿出去撮个小饭啊,参观个影展啊、美展啊"。

电影学院1978级是高考恢复后的第一批艺术生,张艺谋的同级陈凯歌、田壮壮……大多思维活跃、热衷辩论。大学同学陶经说,那时候"假如不知道莎士比亚的舅舅是谁,你就out了"。这样的气氛里,张艺谋几乎从不参与讨论,更羞于交际。"不跟人争执,也不太吭气"。"因为年龄大,同学对他还是很尊敬,叫他'老谋子'。"

张艺谋曾说:"我进工厂算特招,进工艺室算借调,上大学是破格,我好像从来都是一个编外的身份,一个不那么理直气壮的角色。除了我的家庭背景之外,这也是我压抑的原因。"

做一个有用的人——张艺谋发下宏愿，人有了用，才有空隙生存，别人挤不走你。在《张艺谋的作业》中，张艺谋曾有这样的表述："我一开始就有这个意识，让自己迅速工具化。""工具化"这个词他反复说了几遍，工具化你就会对别人有用，人有了用，有些东西就不会找到你身上，你就会有空隙生存。"'工具'不是个坏词儿，'有用'也是我们这一代人深入骨髓的价值感。"张艺谋突然声音一沉，脸上浮现一丝笑意，"恐怕我今天也有这个嫌疑。"

张会军评价老同学最突出的特点是"想做事"："他说，没有理由停下来，干吗不做呢？这是于自己，于社会，于其他人都有利。"

"张艺谋是特别注意他的价值的，哪怕最开始为了自保做一个工具，那也是个价值。一个停下来的导演是没有价值的。"方希说。

事实上，了解张艺谋性格的人，都不会劝他多休息，都知道工作就是他的"舒适区"。张艺谋是全国政协委员，每年"两会"是他难得的能停下来，而且必须停下来的时刻，这时候，遇见大学同学张会军，坐下来聊天，会难得地吐露心迹，他说，他也累。"他说，我也一样，我也是人，我也要吃饭，我也要休息，但是……张艺谋经常说那口头禅，说，'这活儿，咱得给人干好了，得干漂亮了'"。

曾和张艺谋合作过的投资人点评："张艺谋品牌易于结合资本的重要原因有二，首先，是其有着丰富的资本对接渠道；其次，'牛、不配合、要价高、出尔反尔'这些毛病，张艺谋一点也没有。"

执导2008年北京奥运会开幕式，"压力很大"，这是张艺谋唯一一次用了"压力很大"这个词。

"我相信所有人已经看出来了，中国人已经拿奥运会当自己的事情了。"张艺谋曾说，"我怎么敢设想这件事做坏了会怎么样？

中国人都会觉得,张艺谋你辜负了我们,你让中国丢了脸,你让我们失去了一次珍贵的机会。"

《三枪拍案惊奇》官方电影海报

北京奥运会后,2009年新电影《三枪拍案惊奇》遭到的不仅是批评,更是"难堪"。张艺谋心情很不好,方希帮他分析这个事儿,你做了一个奥运会开幕式之后,大家都会觉得说,好,我们已经吃了一顿满汉全席了,然后期待你的下一部作品,但你弄一拍黄瓜就端上来,人民不答应啊,你觉得别人有错吗?

"啪",张艺谋拍了桌子从椅子上跳起来,他涨红了脸,情绪激动,连骂了两句粗口。

"我告诉你,我当时拍奥运会开幕式的时候,我是怎么想的,我认为它弄砸了,我没觉得它是个多了不起的事。你们觉得了不起,那是你们的事,对于我身处其中的人来说,我觉得它弄砸了。"

这是方希见到张艺谋第一次情绪如此激动,还骂了粗口,"但他在十秒钟之内就迅速控制了自己"。

然后张艺谋对她讲：击缶结束，儿歌，接下来红旗入场，奥运会开幕式音乐总监陈其钢黄着一张脸："导演，你赶紧跟电视转播的人要求一下，电视很难看，拍出来不行！""那一刻，我的脑子一片空白。我的所有努力，那么多人的艰苦训练，付诸东流。接下来三个小时的表演，我必须坚守指挥台，还要留意各方传来的信息，"张艺谋回忆，"我沮丧极了。"

张艺谋至今没看过国内转播的开幕式："主要是我自己的恐慌，阴影太重，我不忍看了，只要大家说都不错，这一篇就赶紧翻过去了。"

阿弥陀佛，没弄砸

PDP是由美国人研发以帮助企业了解员工性格的行为分析测试，方希曾给张艺谋做过一份，不到三分钟就做完了。"测试报告专家就跟我讲，做了这么多份，像这个人，这么奇葩的东西，我仅见一两例。"

结果显示张艺谋拥有常人难及的精力值，"就是一般人，比如说我们，像一节电池，用一个礼拜，差不多，没劲儿了，他用了一个月，还剩一半多呢"。另外，张艺谋没有强烈的性格倾向，各项数值比较均衡，"他是一个比较像变色龙的老虎"。——PDP将人类的行为风格大致分为五种动物：艺术家通常是猫头鹰，关注细节，完美主义；孔雀型看重他人的赞美，控制欲极强；考拉型平易近人，敦厚可靠。——张艺谋既是"老虎"又是"变色龙"，兼有领导力和适应不同环境的本领。

《满城尽带黄金甲》筹备时，张艺谋邀请芦苇参加剧本讨论："我发现他有很大的变化，从当时很富有朝气，富有批判精神的一个人，已经变得非常实用了。"芦苇当面质疑剧本的价值观含糊不清，"他当时跟我说了一句话，我印象非常深。他说，芦苇，你提的这意见，我们先暂时把它搁置到这儿不论，就我们四个人的组合，一个他（指张艺谋），一个周润发，一个巩俐，还有一个周杰伦，这就能保证两个亿的票房，你信不信？"芦苇没敢回答，之后的结果证明了张艺谋的判断。

芦苇是《活着》的编剧，也是《霸王别姬》的编剧，但现在和第五代导演基本没什么合作了，他常住西安，"躲进小楼成一统"，不愿被商业侵蚀。以他的角度看第五代导演，不是被商业"裹挟"而是彻底"毁灭"。他记得拍完《霸王别姬》后，陈凯歌把他叫到北京讨论下一个剧本。"他派个车接我去，派了个凯迪拉克还是加长版，我从来没有坐过那种车，而且那个司机是一个女司机，戴了一双白手套，然后把那个车门帮我打开……里边就有酒和饮料。当时见了凯歌以后，我就跟凯歌说了一句话，我说，凯歌，你以后要被名声所累。"

时至今日，芦苇回忆与张艺谋在《满城尽带黄金甲》时的那场谈话，仍不敢相信这是和他合作过《活着》的导演所说。他还记得《大红灯笼高高挂》获得威尼斯电影节银狮奖后的夜晚，张艺谋没有庆功，拉着自己回酒店讨论了一晚上失误，总结了三十多条。这让芦苇"非常震撼"，"今天想起来，就觉得非常珍贵"。

一个令人沮丧的事实是：近十年，张艺谋几乎再未获过赞扬，每一部作品伴随的批评声越发激烈，"我是在中国争议最多的一个导演"。即使最新上映的《归来》也是如此。

公开讲话中，张艺谋很少讨论电影外的话题，批评所指也限于行业内的弊端。当人们称赞他是中国最伟大的导演时，他往往真切地感谢体制，第五代导演生逢其时，他只不过在一个渴求艺术的时代钳住了命运之手。面对非议，张艺谋已不再希求外界的理解，他曾对方希说："别人一泼脏水，我就洗澡，我成天跟洗澡玩儿吧。"

季节性的，张艺谋会在电影上映的时候出来接受采访，"像蔬菜一样，这茬熟了，就出来"。"就完全把自己交发行公司了，什么采访都接受，什么栏目都做，服从安排，以劳模的姿态"。

每一茬蔬菜里都有张艺谋的"小确幸"，这是出自村上春树的一个词，意思是，"微小而确实的幸福"。《秋菊打官司》用超16毫米摄影机拍摄，玩了一把"纪实"。拍《英雄》，"给人一个视觉上的强烈冲击和快感"。《山楂树之恋》"希望传递一种久违了的纯真"。《三枪拍案惊奇》更像挑战，"科恩兄弟看了《三枪》，发现完全不认识，那多好玩的事！这不是好坏的问题，也不是成败论英雄，至少你小子敢，你敢这样，我喜欢这样的挑战——风马牛不相及的题材和形式，但我给混搭在一起了，要知道，混搭可是很时髦的！"

"我觉得他是有很强烈的顽童心态。"方希说，"我觉得所有的艺术家都有些顽童的心态，只不过张艺谋由于长得太苦逼，所以他的顽童的那个状态很难被大家所捕捉。"

被大家捕捉到的经常是张艺谋意料之外的东西。比如，《英雄》结尾有大臣太监们山呼"大王杀不杀"的镜头，刺客李连杰被秦始皇说服了，放弃了刺杀，然后秦始皇手一挥，"啪"放箭，把李连杰杀了。张艺谋后来对影评人焦雄屏谈到，其实当时他闪念要补拍一个镜头："这几百个太监大臣们，突然哈哈哈大笑，说——恭喜大王，您可躲过一劫！"张艺谋解释，"那这是什么意思啊，这一句话就颠覆了，原来一切都是假的，李连杰上当了。"但是这样一反转，他又觉得不英雄了、不悲壮了，最后"算了，不补了"。张艺谋不知道，"如果我再补了这个镜头，是不是三观就正了？"

私下里，张艺谋曾对方希说："社会在转型，文化人有忧虑，希望找到精英的代表，焦虑于所谓精英的空白，不管三七二十一，就把很多东西放我头上，对我有很多角色要求。但是我无意承担这个角色。有朋友也劝我，既然大家都这么说，你也不要辜负大家。是，我也怕大家骂，但我没想要在身上承揽很多东西，我从没想过做个什么领军人物，凑个三足鼎立，四足落地，在媒体的语境下别人说别人的，我从不参与。"

"张艺谋内心基因里面没有那种造反的意识，总在不断地寻找平衡。"影评人罗登接受《人物》采访时说。他1995年毕业于北京电影学院，长期关注张艺谋的作品，他认为张艺谋并不想批判这个社会，"第一，不安全。第二，他真的并不觉得这社会有什么不好"。

这位中国最负盛名的导演信奉一种接受哲学，朋友们概括为"张氏三段论"：发生的一切都是好的；如果坏事来了，唯一的办法就是让它更好一点；实在没有办法解决，就让它过去吧。"接受是我最大的哲学，先接受，再说创新求变。"

"你打定主意就是要拍一部十全大补的电影，既要通过，又要赚钱，还能表达自我，你就是好样的。"对待电影如此，对待奥运会也是如此。被领导否决的创意，很多艺术家气不过，让他去争取，但他不会。

纪录片《张艺谋的2008》里的张艺谋是焦虑的，被各种意见拉扯。"个人艺术上的见识和坚持，常常要让位给更大的目标。如果在这样的活动中一味坚持自我，是很愚蠢的，也是不称职的……"

张艺谋更像自己哪部电影的主人公呢？《红高粱》那么豪放，他做不到；《菊豆》李保田的懦弱，是另一个极端，两部电影在他看来是人性的两极，无限张扬和无限压抑。"显然我都沾不上边，我偏中庸一点，做人做事，尽量别伤谁的心，别太得罪谁，有些事情别做得太过分，跟教育有关。"张艺谋曾定义，"我活得就是有法有天的。"

世俗的权力和名望也并未给他提供一种真实的安全感，"国师"这个称号不喜欢——"这个词招人恨啊。"他曾对方希说，"我真没想过自己成了个什么'国师'，好像就真了不起了。都没有。我只觉得，阿弥陀佛，没弄砸。"

反映在PDP行为测试"自我评价"一项上，他的分值极低，"就是已经觉得自己太糟糕了，过不下去了。"方希说，她曾和张艺谋开玩笑，"我说咱夹着尾巴可以，别把尾巴夹掉了，对吧，那就真没尾巴了，多可惜啊。"

等待一部从头到尾"没有走偏"的佳作

认了

2011年，《金陵十三钗》开拍前，方希见到张艺谋："怎么会憔悴成这样？老得厉害。"从媒体拍摄的张艺谋和张伟平的合影中，她发现，"张艺谋的身体语言和张伟平是不一样的，他是克制的，收的和往外倾斜的，张伟平有点是搂着他，抱着他，挎着他……就是要秀恩爱吧，显示兄弟情吧"。张艺谋已经算是一个特别能配合的人，"但我能看见他笑容里的勉强和尴尬"。

《金陵十三钗》官方电影海报

方希第一次在他身上看到"精力耗尽","不太够用,太疲惫了,不知道怎么办了"。他的眼袋,"以前只能装进一个眼珠,现在那眼袋可以装进两个了"。

自1997年的《有话好好说》至2011年的《金陵十三钗》,张艺谋导演的11部电影作品,全部由张伟平的新画面公司投资拍摄,两人认识25年,合作16年,业内习惯称黄金搭档,一些评论认为,是张伟平帮助张艺谋走上商业之路。

张艺谋身边一位不愿具名的工作人员说。张伟平"强烈的赢利需求"——比如《三枪》选小沈阳,《黄金甲》选周杰伦——即便张艺谋很不开心,但还是会接受。

"你说他这么有影响力和话语权的一个导演都被推到这个份儿上?"编剧顾小白想不明白。2011年前后,他和张艺谋合作《山楂树之恋》与《金陵十三钗》时感觉二张的矛盾已经不可调和了,导演"内心最想表达的那些东西，在时刻撕扯着"。

朋友不止一次劝说张艺谋澄清事实，他选择缄默。但在私下，他告诉大家，觉得"澄不清，说什么都白搭"，合作伙伴的分裂，只会被说成"狗咬狗一嘴毛的活该"，两个人的事把路人拉来做解释，"很伤自尊心"。

这个话题在《归来》上映时再度被提起，4月21日《归来》发布会上，一个记者问张艺谋："是不是90年代之后，你的一些创作，失去了那种纯粹性？"张艺谋沉默了一会儿，抬起头："可以这么说吧。"

当张艺谋谈到《归来》让他找到了久违的平常心，"就是你不能有任何利益的诉求，你不能强加给它很多商业性的东西，这样是拍不纯粹的"。有记者又追问："这个东西你在之前不能把控吗？""我自己不太愿意再回顾过去的事情。"

张艺谋工作室的一位工作人员透露，张艺谋并没有及时地拿到片酬，时隔数年，在《三枪》之后，新画面才一块补上前面五部电影的片酬。而最后《山楂树之恋》和《金陵十三钗》，张艺谋至今未拿到一分钱，现在更不可能了。张艺谋在离开新画面又未签约乐视的时候，经历了难以想象的经济困难，借钱维持工作室的运营，甚至到了向助手庞丽薇借70万的程度。

在方希看来，整件事情"太奇葩了"，张艺谋的隐忍、退让以及不喜欢撕破脸的性格，铸就了和张伟平"彼此豢养"的关系，错误是双方的，"他不喜欢拿这些事去干扰自己，而且是害怕这些事情会干扰自己"。所以，"往往能忍人之不能忍"。

和张艺谋一起分析PDP行为测试结果时，当方希讲到"强孔雀型"善于"综合控制"，而老虎型最受不了"在不断的被动和妥协中推进，以及他不能接受一些事情的完全失控"，张艺谋突然情绪激动，他的目光转向一旁的文学策划周晓枫，"滔滔不绝地说了一堆话"，大意是，"确实我和强孔雀合作的话，觉得特别痛苦"。

"因为实际上我所说的虽然都是分析他的报告，但在这个部分，他脑中反映的都是他和张伟平之间的关系"。在方希的印象中，特别痛苦——这种极端化的表达也是第一次从张艺谋口里听到。然而，即便如此，张艺谋也不点明他口中的"强孔雀"是谁。

2013年5月，张艺谋宣布签约乐视影业，一家"互联网时代的电影公司"。"赚不赚钱是乐视的事。"张艺谋告诉媒体，"我收获的是最大的尊重和创作空间。"即便起初，他不知道"乐视"是哪两个字，把"长尾市场"理解成了"常委市场"，也记不住"G2"和"O2O"的区别。

在与乐视签约的前半年左右，张艺谋找来魏楠，他是张艺谋多部电影的预告片制作人。"把中国所有的电影公司全问了，就是说以我这个年轻人的角度，我看这些公司，我帮他都分析评论一下。他问了我一圈儿"。

《归来》对他而言是一次"自我回归"，然而是非接踵，拍摄时，媒体曝光了超生事件。张会军说那时他也担心，去剧组探班时曾给张艺谋出主意。

"我说你怎么样？他说，就让他们说去吧，说两天就没了。我说，现在可不是这个了。这件事情太大了，你这么弄下去，你还有心思拍片子吗？"

"媒体弄完也完了。"张艺谋倒是很平静。

接受采访的很多张艺谋的朋友、剧组员工并没有看到导演有太多情绪起伏。能够少量接收到张艺谋负面情绪的是魏楠："导演不顺，一唠叨俩小时。我会说，导演，行了，别不高兴了，就这么着吧。你出门看我这摩托车，一下就好了。或者说，那就是一傻子啊，这种傻子理他干吗？"

接受《人物》记者采访时，魏楠刚在朋友圈晒了一张新入手的黑色摩托车，他是一名80后，性格直率，酷爱一切新奇事物，几乎是张艺谋性格的反面，但也许正因此，两人之间建立了一种奇怪又稳固的友谊，他一边摸着胳膊上的文身，一边摇着大腿，说道："他身边没有我这样的人，能随便冒出'傻子吧'，很少，谁敢在他面前骂这个？"

2013年年底，张艺谋选择公开道歉，接受新华社的电视采访。

"我其实自己常常也反省。"讲完第一句话，他发出了微弱的叹息声，一种羞愧、充满自责的表情扭曲了他的面孔，"我做错了就是做错了，我不怪别人，我汲取教训，我现在愿意全面配合无锡计生委的调查，尽快地使这个事情有一个结果。"他很快缴清了740多万的超生罚款。

"他是属于这事我认了，我就是这个性，我就是这么一个做法。"录音师陶经对记者说，"那种西北汉子，一定要硬。"

陶经很难回忆起张艺谋"沮丧、恍惚或难过"的时刻，作为张艺谋的大学同学，他们一起经历了"彼此穿什么裤衩都知道"的20世纪80年代的大学生活，之后，他长期担任张艺谋多部电影的录音师。回忆这些往事的时候，陶经忍不住地抽烟，抽了21根，在猛吸一口烟后吐出的蓝色烟雾里，他对《人物》记者说："从未见过眼角有泪的张艺谋。"

唯一一次见到导演"恍惚"是在《摇啊摇，摇到外婆桥》，"那是跟巩俐分手的时候，我只是感觉他很疲劳……就是我们已经很敏感地察觉，到最后就是感觉他跟巩俐要分手，所以最后一天就是跟我说，巩俐的台词是不是补录全部完了？我说没有什么补录。他说你再查一下。我再查一下，说，真的没有什么可录的，已经补完了，用了两个小时。他说，我现在跟哥儿几个说一个事，完了就是说跟巩俐分手的这个事。第二天就见报了"。

至于开心的时刻，张艺谋身边的人能回忆起来的也并不多。有一次，魏楠拿着iPhone举过头顶，搂着张艺谋说："来，导演，咱俩自拍一个。"张艺谋躲闪着不敢拍，"他说，我这样行吗，我说没事儿，来来来，快快快。然后特好玩儿，龇着大牙乐得倍儿美"。

这是张艺谋"史上唯一两张自拍"，照片里，他稍显局促紧张，但笑得很开心。

瞎跑

如今，张艺谋已经64岁了，他的脸依旧像磐石般坚硬，哪怕在微笑时，嘴角两侧漾出的深深纹路也令陌生人望而生畏，朋友们默契地回避和他过于感性的交往。陶经说，和张艺谋工作变得更男人，"不让你有机会去抒发你的情感"。

张艺谋以倒计时的心态工作，拒绝一切电影之外的东西：社交、应酬、休假、旅行。晚上回家继续看碟，有时候一口气看十张，凌晨五点睡，上午十点起床继续。

制片主任黄新明与张艺谋合作二十年，几乎想不起导演有什么兴趣爱好。唯一一次，拍《秋菊打官司》，因为胶片送去县城冲洗，没法当晚剪辑，张艺谋打过几天游戏，小霸王《魂斗罗》。

为保证健康以及在夜晚保持清醒，张艺谋很少吃晚饭，"他一个杯子，一壶茶，每次助理给他'哗'倒一壶，倒完一壶，喝得差不多了，两瓶酸奶干了，瞬间，'哗哗'，两瓶跟喝酒似的，干了，然后今天一晚上就过去了。"魏楠说。他和张艺谋认识十年，只吃过三顿晚饭，两次在剧组，一次在工作室，都是工作餐。

张艺谋最爱吃的是几十年不变的陕西面条和羊肉泡馍，能就着一罐蒜就很幸福。"特别好玩，经常他中午的时候吃大蒜，他跟演员说戏，然后演员闻到大蒜那个味道，都不知道该说什么，也不能躲，很尴尬。"倪妮说。

在丽江拍摄《千里走单骑》时，当地一位老板想送张艺谋一套别墅，"我就寻思说跟导演说一说，导演说，别了，我有一张床睡觉就行了"。黄新明觉得张艺谋对生活要求太低，他提到自己在《黄石的孩子》剧组工作时，只要一收工，来自好莱坞的导演马上从横店片场开车去上海淮海路喝咖啡，"五个多小时，喝杯咖啡再回来，人家那叫轻松"。

周晓枫觉得，初接触时，张艺谋有些冷，好像心里有一角地方永远暖和不过来："他也拙于抒情，羞于主动示好，不善于在交往中不断加温加料地维护和递进关系。"

就像投进水面的石头荡出的长长涟漪，隐藏着的热烈与温情，2009年，魏楠处于事业低谷，问张艺谋自己能不能用《三枪》预告片导演的身份做些宣传，"导演二话没说，你随便宣传，我说，我得用您的名字跟我一块儿……随便用，没关系，去吧，你说怎样都行"。

黄新明觉得，张艺谋"对底层劳动人民的疾苦，对他们心里焦虑的那些点，非常熟悉，不疏忽，很关注"。每次进组拍摄，张艺谋都交代制片部门登记每一个人的生日，无论导演组还是场工，生日当天会收到蛋糕和导演亲手写的生日卡。包括"现场打扫卫生的"，会一遍遍核实姓名，放到片尾字幕，《归来》的片尾字幕前后修改了一千多遍，"他知道每个人很在意自己的位置"。

张艺谋很敬重他的父亲，录音师陶经说："他父亲去世前跟他说过两件事情，这是他亲口跟我说的。第一件事情我就不说了，我也不能说。第二件事情就是说，艺谋啊，你就缺个娃，男娃。你要是有一个男娃的话，我就心里踏实了……人嘛，一个男娃，一个女娃。"

方希说起张艺谋对孩子的愧疚。一次，张艺谋问儿子："哎，你上几年级来着？"然后过了一个月，又问："对了，上次你说你是几年级来着？"

张艺谋曾向文学策划王斌叙述过他的一个梦："一日与剧组同仁去卡拉OK厅玩兴正浓时，突然闯进一个歹人，长相颇似《林海雪原》中的'一撮毛'。此人手持一支早已成为历史文物的'三八大盖步枪'，动作怪异地用两手将枪高高举起。这位不速之客的贸然闯入，引起大厅的混乱。于是，艺谋悄声与周围的剧组同仁商量，由他喊'一二三'，众人齐身上前擒拿'一撮毛'。不料，当艺谋发出口令后，奋不顾身英勇向前的只有他孤身一人，同仁们均在一旁若无其事地旁观。艺谋只好孤军奋战，与'一撮毛'拼死搏斗。不料，'一撮毛'冷不丁从腰间又掏出支手枪，照着艺谋脑袋给了一枪。噩梦惊醒。"

王斌说，这个梦的内核是孤独。

一种欲望驱使张艺谋继续埋头苦干，完成一部佳作，一部从头到尾"没有走偏"的电影。

有很多次，当张艺谋拿到一个好故事、好剧本的时候，都认为自己会奔向佳作，但还是中途"跑偏了"。有些是彻底"跑偏了""掉沟里"，比如《三枪》，有些是部分程度地跑偏，总之，张艺谋期待能拍一部从头到尾没跑偏的、完美的电影，从题材、故事、演员、摄影、录音方方面面，全都做完美了。

张会军说："张艺谋始终都在跟我聊，他说我不能老做一种饭，我要做不同的探索，我没准哪一个就可能成了。"

《人物》记者采访方希时，聊了近六个小时，她已经很少抽烟了，但忍不住一根接一根地抽，直到桌上的一包全部抽完。她把身体靠在沙发椅上，微微仰起头，慢悠悠地说：

"我想起张艺谋，老想到他在一个公路上奔跑的场景，在一条路上，有可能跑的是一个荒野，有可能跑的是一个繁华的街区，我就觉得，他一直在跑。然后，周围总是有很多的喧嚣，有人跟他一起跑，有人中途离开，有人喝彩，有人向他扔臭鸡蛋，但这些东西，我觉得好像从来没有影响他的速度。"

说到这里的时候，她沉默了几分钟："他就在跑，一直没命地跑，包括周围人说，停下来吧，你老是跑，傻不傻啊，或者说，停下来吧，也许你会跑得更好。他听不见，他听不见。"

"这个痛苦在哪儿呢？你的这种奔跑，不意味着你无限接近佳作，你跑得越快，可能越背道而驰。但是，他奔跑的姿势和速度是没有改变的。像我这样的看客会说，首先，我很钦佩这样的态度和坚持，其次，我认为就是瞎跑，现在又开始瞎跑了。"

辑二

PART 2

从容

...

忙碌时代里的气定神闲

诗家叶嘉莹

如朗月照人

问：你听过的最好的人生建议是什么？
答：要找到一个真正高远而不被现实得失利害所拘限的人生理想。
问：你最希望看到这个世界或国家的一点改变是什么？
答：大家都不因为贪欲做任何不正当的事情。

坚持站着讲课

身着紫色开襟长衫套装的叶嘉莹先生在一阵掌声中从舞台一侧走出来。她因为腰腿之疾，由左右两位工作人员搀扶着，一小步，再一小步地，往中央走去——那儿立着一方讲台。

主办方给她准备了一张柔软厚实的靠背椅，她不坐，要站着讲课，把椅子晾在身后。"我到现在90多岁，我的腰腿有毛病，但是我一定是站着讲课的。这也是对于诗词的一种尊重"。

叶嘉莹不慌不忙地讲了三个小时，长度超过了主办方的预计。她白发微卷，神采飞扬，连连打起手势，毫无衰老、疲倦之态。只在讲座中段，实在是累了，她用商量的口气说："我想我现在可以休息两分钟吗？"听众以掌声作答，她坐下来喝了几口茶水。

叶嘉莹出生于1924年，1945年毕业于北京辅仁大学。20世纪中期曾在台湾地区执教于台湾大学、辅仁大学、淡江大学。1969年迁居加拿大温哥华，受聘不列颠哥伦比亚大学终身教授，1991年当选为加拿大皇家学会首位中国古典文学院士。1979年起，她每年利用假期回国讲学。2013年，因年老不能再越洋奔波，决定正式回国，定居南开。

她一生致力于古典诗词的教学，获得了使古典诗词于当代"再生"的赞誉。

叶嘉莹为她一生获得的学者、教师和诗人等众多名号排了个序，说大半生的时间都用于教学了，所以首先是教师，其他的都排在这后面。

讲座主题是"从漂泊到归来"。91岁的年纪，她对从前的事情已经一点一点地忘记了，幸而人生的重要时刻她都写有诗词。她把一生所作的几十首诗拿出来，用黑色隶书字体打在幻灯片上，一首首吟诵，逐字逐句地讲。从生于战乱，长于动荡，到艰难度过政治风波，漂泊海外，再到晚年归国定居。

这些诗篇中包含了她最真挚的感情，少年丧母，写了八首哭母诗，晚年丧女，她又写下十首哭女诗。吟诵时，她仿照古法，把入声读成仄声，曲折婉转，有音乐之美，一生起伏尽在抑扬顿挫之中。

诗词几乎是叶嘉莹生活的全部，尤其现在当她孑然一身迈入老年，更是如此。上学时，她在班上年纪最小。她91岁了，从前的老师、同学已经一个都不在了。给年轻人讲课成了她最愿意做的事。只要有人邀请，她都欣然前往。三十多年来，她曾经应邀到国内几十所大学讲学，举行古典诗词演讲有数百场之多。

"我一直在教书，这是情不自已。"她说，"这么好的东西怎么能不讲给年轻人知道？你不能讲给青年人知道，你不但是对不起下面的青年人，你上也对不起古人。"

"我天生就是一个教书的。"叶嘉莹说。从1945年大学毕业至今，她在讲台后站了整整七十年。"我本来只教了一个中学，可是学生喜欢你的教书，就传说出去，于是第二个中学请你教，第三个中学请你教，连第四个中学都来请你教，直到你的课时再也无法排上为止。所以我都是不教书则已,我一教书,就一直教下去了。"

"当然人总是会老的。"她感叹。她说现在跑不动了,走一小段路都要人搀扶,"怕跌跤"。讲起过去单枪匹马飞到各地讲学的日子,她很怀念,藏不住得意:"你们无法想象我讲了多少课。"

对叶嘉莹而言,没有退休这回事。91岁了,她还带学生,在家中的小客厅为他们讲课。2014年,在南开大学为她举办的九十华诞的学术会议上,她发表生日感言说:"以后一定会继续努力地工作。"

天以百凶成就一词人

叶嘉莹少年时就表现出了兼具悲悯与智慧的"诗心"。这得益于她的家庭教育。旧学修养极深的伯父是她的启蒙者。伯父给了她一本诗韵,教她"一东,二冬,三江,四支……"十多岁时,就出题让她作诗。叶嘉莹记不起第一首诗的全部细节,只记得那是一首关于月亮的诗,用的是十四寒的韵。

王国维曾有一句感叹,"天以百凶成就一词人"。叶嘉莹忧患不断却成就斐然的一生,正是这句话的注解。

15岁的一个深秋傍晚,叶嘉莹长时间蹲在地上看一只快要僵死的白蝴蝶,怎么挣扎都飞不起来,她写下一首《秋蝶》,意境孤寂清冷。16岁的夏天,她作了一首《咏莲》,"如来原是幻,何以度苍生",追问起人生意义。

有人问她,怎么你十几岁就写这样悲观和深刻的诗?她回头想想也觉得奇怪,"莫知其然而然,莫知其为而为,总之我写了这样的诗"。

少年时代,叶嘉莹经历了国仇与家难的双重变故,这些诗作,全都是有感而发。

叶嘉莹一生少有安稳的日子,经历了三次大的灾祸。17岁丧母,让她比一般人提早明白了生死离别之意。

1948年,她随丈夫渡海来台。台湾当局施行白色恐怖政策,丈夫因思想问题入狱,她和幼女也一度被拘,政治风暴让她无以为家。那时,她常常做"回不去"的梦。梦中回到老家北平的四合院,但所有门窗紧闭,她进不去,只能长久徘徊于门外。她还常常梦到和同学经过什刹海去探望老师顾随先生,却总是迷失于又高又密的芦苇丛中。

几年后,丈夫出狱,却因长期囚禁性情扭曲,动辄暴怒。为了老父和两个读书的女儿,她辛苦教书维持整个家庭,极尽忍耐,以平静示人,只在梦中舔舐伤口——那些梦里,逝世多年的母亲突然出现了,要接她回家。

王安石的《拟寒山拾得》把她从悲苦中提振了起来。其中一句，"众生造众业，各有一机抽"，如当头棒喝。她跟自己说，要把精神感情完全杀死，杀死了，就不再为它烦恼。

诗词佐证了她如何度过艰辛岁月。政治风暴渐息，她在台湾地区一所私立学校谋到教职。盛夏的台南，高大的凤凰木开了一树艳红的花朵。这种美丽而陌生的植物，是她在北方的故乡所没有见过的。"我真是感到，往事如烟，前尘若梦。我当年在故乡的那些欢乐的时光永远不会回来了"。那时她不过二十来岁，却在岁月无情的流逝中，有了"雨余春暮"的中岁心情。

"我们在大时代的战乱变化之中，真是身不由己。把你漂到哪里，就落到哪里，都不是你的选择"。在一篇文章中，她提出"弱德之美"的概念。说诗词存在于苦难，也承受着苦难，因此是"弱"的。但苦难之中，人还要有所持守，完成自己，这是"弱德"。她说自己一生没主动追求过什么，面对不公和苦难只有尽力承担，她极其坚韧，"把我丢到哪里，我就在那个地方，尽我的力量，做我应该做的事情"。

1969年，叶嘉莹携全家迁居加拿大温哥华。"我的忧患总是接连而至的"。讲座上，她念起一首诗的诗引。"1976年3月24日，长女言言与婿永廷以车祸同时罹难⋯⋯"她左手拿着讲稿，右手撑在讲台上，短暂地沉默了一会儿。

"早年我母亲去世，死在天津到北京的火车上，我写了八首哭母的诗，没有想到我五十多岁了，年过半百，大女儿跟女婿在一次出游的车上出了车祸，两个人同时不在了。"料理完女儿女婿的后事，她闭门不出，日日哭泣，写了十首哭女诗。

"平生几度有颜开,风雨逼人一世来","痛哭吾儿躬自悼,一生劳瘁竟何为",她叹命运不公,反思劳瘁一生的意义。"我半生漂泊,辛辛苦苦维系了我的家庭,而我大女儿跟我大女婿居然发生了这样的不幸"。

经过这一轮苦难,叶嘉莹突然觉悟,"把一切建在小家、小我之上,不是一个终极的追求和理想"。

1978年春天的一个傍晚,她独自穿过一大片树林去投一封寄往中国的信。在那封信中,她向中国政府申请回国教书。她说自己一生"很多事情没有选择的余地",而这次是她唯一一次主动争取。从家中出来时,树梢上还有残阳余晖,往回走时,天色全暗了。那个黄昏让她思索如何对待余下的日子,"唤起了我年华老去的警醒"。她当时写了两首诗,其中有两句,"漫向天涯悲老大,余生何地惜余阴"。

1979年,她收到了中国教育部批准她回国教书的信,安排她先去北大教书,不久后又应李霁野先生之邀去了南开。每年三月,温哥华的大学停课放假了,她就飞回国内讲学。如此奔波三十多年,直到2013年,她决定不再越洋奔波,选择了定居南开。

"所以我就回来了。"叶嘉莹放下讲稿,露出了笑容。

莲心不死

回忆初回南开的讲课盛况,叶嘉莹依然很兴奋,"那个房间里坐得比现在还满。"她朝台下比划着。台阶上、窗户上都坐着学生,她得从教室门口曲曲折折地绕,才能走上讲台。

1979年叶嘉莹回国授课时,徐晓莉是一名旁听生。当时她是天津师范大学的学生,特意跑到南开大学旁听。她回忆说:"那个时候大家穿着清一色的衣服,男生和女生都分不出来,可是叶先生在讲台上那儿一站,从声音到她的手势、体态,让我们耳目一新。没有见过,真是美啊。"

她记得叶嘉莹在黑板上的板书也很好看,竖排繁体,一边说一边写,速度很快。"因为她可能用英语讲课习惯了,她装饰句很多,而且定语从句很多,很长很长的句子,而且滔滔滚滚的,听都听呆了。"她说,"从那以后,我们回去就一传十,十传百……"

叶嘉莹白天讲诗,晚上讲词,学生听得不肯下课,直到熄灯号响起。她写了"白昼谈诗夜讲词,诸生与我共成痴"的句子,形容当时的场面。

那个时候,学生对于新知和旧学,尤其对承载真善美的诗歌,有极大热情。叶嘉莹继承了她的老师顾随先生的讲课风格,"纯以感发为主",全任神行、一空依傍,注重分享心灵的感受。

这是很多学生和教师闻所未闻的教学方式。课后,有很多学生给她写信。徐晓莉是其中之一,她写信告诉叶嘉莹,听了她的课,"我的人生就这样开始改变了"。

台湾地区作家陈映真在一篇文章中分享了1957年旁听叶嘉莹"诗选"课的感受,说自己人生中第一次感受到诗词中丰富璀璨、美不胜收的审美世界,叶嘉莹的每一堂课"几乎都令人感到永远新奇的审美的惊诧"。

叶嘉莹在诗词教学中投入了深情。每次讲杜甫《秋兴八首》，念到"夔府孤城落日斜，每依北斗望京华"二句，她总因为长久思念故乡而泪水涌动。学生钟锦说："她不是把诗词作为一个客观的学术对象，她是把这个学术、诗词本身和她自己的生命融为一体了。"

能够用自己的语言教课，叶嘉莹感到幸福。"不管是在台湾地区，还是在大陆教书，我可以随便讲，讲到哪里就是哪里"。但在温哥华，她费尽力气，也只能用"最笨的英语"去讲，难得"跟在地上爬行一样"。她感到，用母语讲诗，自己才是自由的。

得知她回国定居的打算，一些海外诗词爱好者与南开大学校方联系，出资为她在南开盖了"迦陵学舍"，名字取自她的号"迦陵"。"他们说我年岁大了，不能老坐着飞机跑来跑去，希望我回来能够定居，所以给我盖了迦陵学舍"。

她喜欢南开马蹄湖的荷花，于是学舍就建在湖畔不远处。她的母校辅仁大学当年在恭王府，师生常在海棠树下作诗。恭王府工作人员移植了两株西府海棠栽在学舍院子里，满足了叶嘉莹的怀旧之思。

"现在应该差不多要完成了。"她露出笑容说，"所以我很高兴，终于有了一个归来的所在。"

她畅想未来学舍投入使用，就像古代的书院，"我们可以在里边讲学，可以在里边开会，可以在里边研究"。

叶嘉莹现在依然独立生活。她说自己有诗词为伴，不需要人陪。2008年的一天晚上，她不小心摔了一跤，断了锁骨，这才请了一位保姆，白天不在家里，只定时来烧饭和做清洁。

她通常晚上两点半睡，六点半就起来，所以中午要睡一会儿。水果和蔬菜吃得多，却不在乎口味。学生钟锦曾看到她自己做饭（那时还没请保姆），一锅开水，青菜往里头一煮，蒸几个馒头，就是一顿。学生曾庆雨有一次帮她收拾屋子，打开冰箱，发现里面只有一点绿叶蔬菜和半瓶腐乳。

她对诗词投入了最多的情感，之外的事情，她都不在乎。她经常引用《论语》的话，说"士志于道，而耻恶衣恶食者，未足与议也"。

叶嘉莹2014年停止招收研究生。还没毕业的学生，她继续带着。在家中的小客厅里，她每周给学生上一次课，逐字逐句地帮学生批改论文。她听力不如往昔，上课时学生发言，需要坐得离她近一点，声音大一些。

如今，学生是她身边最亲近的人，陪她傍晚散步，她生病的时候在医院照料。也只有学生才能看到她纯真顽皮的一面。曾庆雨记得有次讲辛弃疾的词，叶嘉莹鼓励大家多背诵。恰好家中有不少橘子，她让大家比赛，谁背得多，就把橘子奖给他。

对于不认真、不下工夫的学生，她批评起来也很严厉，语气重，近乎呵斥。如果学生很刻苦认真，即使谈诗谈得笨拙可笑，她也宽容。钟锦回忆，有一次同学们在课堂上各抒己见，一个年纪挺大的师兄说得完全不对路，旁人都听不下去了，但他非常认真投入。一看叶嘉莹，她用书把脸挡着，躲在后边悄悄地笑。

不少学生把二手文献看得很熟，原著文献却都看不懂。她心里着急，很严厉地要他们下苦功去看、去背。她最喜欢那种沉下心来读书、写论文，不着急出去赚钱、找工作的学生。

叶嘉莹形容自己是受了"旧道德、新知识"教育的人。这让她形成了遇事退让、不争的性格气质,但该做的事情她做到最好。她自己不争,也要求学生不争。别的导师会为学生发论文托人打招呼,她不肯为学生到处请托。在功利倾向日益明显的学术界,她的学生发论文自然就没有别人的学生"便利"。但她坚持,好的东西,不需要走后门,别人自然能识得它好。她公开对外说,"跟我做学生就得吃亏"。

徐晓莉对《人物》记者说:"叶先生名声在外,大部分人以为做叶先生的学生会沾很多光,会受很多益。可是恰恰他们的实践阶段非但没有受益,反倒还没有像其他导师一样替学生找工作、发文章,用这个名声去猎取功名利禄。叶先生从来不做这种事儿。有些人说,即便是你不给我谋利益,至少高抬贵手让我过去,叶先生这儿呢,非但不给你谋这个利益,而且还严格不让你过去,当然有人就觉得吃亏了。"

叶嘉莹心里清楚诗词在现实世界里不能直接带来利益。前些年她收了个学生,原本是学法律的,爱好诗词。叶嘉莹收了,但劝对方法律也继续学,说读诗词怕不好找工作。好在她的学生们也不为功利而来,能沉得下心追随她,甚至有几位数十年一直跟随在她身边。

近些年,她把在海外多年的教学资料、录音录像,一箱一箱地往回搬。其中包括以前她学生时代听顾随先生课的笔记。动荡岁月中,她曾把这些笔记宝贝似的带在身边。它们现在已由顾先生的女儿整理出多种著述。至于近年带回来的许多资料,她希望自己还有短暂的余年,把这些资料整理出个样子来。

从55岁第一次回国教课至今已有36年,她仍觉得太短,感叹自己回来晚了。现实景象提醒她时间在流逝——每年秋天回到南开，马蹄湖的荷花凋了大半。早年她就写过这样的诗句，"甘为夸父死，敢笑鲁阳痴。"她解释，"夸父是追太阳的，我当然也没有什么大的本领，也没有什么大的学问，我也做不出什么大事来，但是我真的喜欢诗词。我看到了诗词的好处，我应该把我所见到的这么好的东西说出来，传下去。"

叶嘉莹写过一首诗《高枝》，其中有两句，"所期石炼天能补，但使珠圆月岂亏"。诗中包含了她晚年的心愿——炼石补天般地传承中国古典诗词；也表达了对年轻人的期待，生怕他们对诗词之美无知无觉，"如入宝山，空手而归"。后一句来自民间故事。相传海中蚌壳里的珍珠圆了，天上的月亮也就圆了。叶嘉莹将其义引申开来，说只要每个人内心的"珠"是圆的，那天上的月亮就是圆满的、不亏损的。她放下讲稿，望着台下说："我虽然是老了，还是有这种痴心在。"

《考古》杂志写过的一个报道，让她相信古典诗词文化终能"珠圆月满"。因为报道说，两颗汉朝坟墓中挖出来的莲子，在精心培育之下，奇迹般地长出了叶子，开出了花。"莲花落了有莲蓬，莲蓬里边有莲子，莲子里边有莲心，而莲心是不死的"。叶嘉莹受其鼓舞，写了一首《浣溪沙》，词中说："莲实有心应不死，人生易老梦偏痴。千春犹待发华滋。"

此后很多场合中，每当人们问起她对诗词文化未来的看法，白发苍苍的叶嘉莹总是复述这个故事作为回答。

林怀民

//

想办法挺过去

问：你听过的最好的人生建议是什么？
答：自在。
问：你最怀念哪个年代？
答：当下吧，当下是最好的。
问：你最希望看到这个世界/国家的一点改变是什么？
答：人人说想说的话，做想做的事。

敦亲睦邻

七年前的一场大火,将云门租赁了十六年的铁皮屋排练场化为废墟。铁皮屋彻底拆掉之前的一个雨天,林怀民先生带领云门所有成员,挤在废墟中一块尚未塌落的铁皮屋顶下,拍了张合照,作为告别。

2015年,云门搬进了位于台北淡水的新家。崭新的剧场依着一片缓缓山坡而建,立于1.5公顷的"中央"广播电台旧址之上。天气好的日子,可以远眺观音山与淡水河出海口。新剧场入口,一块16米宽、4米高的老台桧上,刻了4115个名字——大火后,他们获得总计6.6亿新台币的捐款,用来帮助云门重启。

2015年5月底的一天,林怀民带领云门的舞者,大开家门,敦亲睦邻。这看起来更像一场小规模的社区联谊。来的是辖区警察、消防队员、巴士司机、小学老师和他们身后雀跃不已的小学生。剧场的保安、清洁阿姨也被放假一天,请进了剧场。大家被招待着,观看舞者排练,提前欣赏年底公演的舞作《烟》的片段。

"打开厨房给大家看材料。"一身黑衣、黑裤、黑布鞋的林怀民握着话筒对台下说。时年68岁的他,腰挺得笔直,神采奕奕。

落地窗外浓密的树荫将整个剧场映衬得绿莹莹的,舞者们伴着富于节奏的音乐,在清透的绿色光线下,踮脚跳跃。

林怀民说新剧场"要跟过去有一个联系"。于是,火灾留下的一节铁皮货柜和一根H型钢梁被搬了进来,放在新剧场斜对面的一块空地上。为了省钱,八里老排练场的空间全部用这样的巨大货柜,搭出楼层与隔间。货柜与钢梁的组合被命名为"穿越"。从货柜一头穿出来,就能隔着淡江看到观音山,观音山最高峰脚下就是过去的八里排练场。林怀民常常独自一人来这里远眺故地。

有人问,云门大火,你难道没有哭?当时没有。几个月后,他在巴塞罗那,突然想起废墟中的面具。那场大火烧毁了一切,但奇迹般地留下了舞作《九歌》的面具。想起那些面具,他没能忍住眼泪,哭了三回。

"云门是在那个房子里头成熟的,我们一定只能做得更好,不然就辜负了过去的时间。"他说。

他特意请了一尊面相慈爱的土地公,安置在新家一个清静的角落里。小小的庙门上有一副对联:风调雨顺,国泰民安。谁不爱这八个字呢?他念叨着:"那是万民的祷告。"

林怀民远不止是一个蜚声国际的舞蹈家,更是台湾地区文化领袖,许多人的精神导师和教父。在园内走动时,人们认出他,都带着敬意,亲切地跟他问好,告诉他,他们喜欢这里。

他听了高兴又欣慰,"人生的事情是很难说的,你唯一拥有的真的只有当下。你怎么知道明天要失火,变成这么大一个苦难?苦难完了以后,大家又都很开心,那就好了"。

除了来看表演外,他也很高兴人们愿意来这里看海、看树、坐着发发呆。他碰到一个人,大树书房关了,花雨餐厅打烊了,还坐着发呆。林怀民走过去问他，说你有什么事情。那人说上次他是早上来，这次想看看这里的晚上，听虫子、青蛙叫，看星星出来。

"有时候很累、很烦，你看到这些人在那里，你就觉得值得"。最重要的是，"大家都开心"。

"很多人以为我们住到一个大房子，其实不是，是住到更多的任务身上来了。"他总是强调，云门是社会一点一点喂养大的。新房子也是社会能量积累的结果。火灾后，他们从来没有募款，但观众一个个把钱寄来了。"云门四十二年来，它做了一些事情让大家觉得可以托付。这真的是一个托付，所以这个地方我们一定要服务整个社会"。

云门将来还要面对许多困难，比如艺术剧场无一例外面对的生存问题。艺术剧团通过演出赚到钱的非常罕有。"剧场是干什么的？剧场创造的不是白银，剧场创造的是空气"。

"我们要找生存的方法，是很难，可是云门也从来没有哪一天没有困难啊"。他站着，腰板儿笔直，"我们总是想办法挺下去"。

看完演出，一位乡亲激动地站了起来，对林怀民说谢谢招待，希望云门在淡水"落地生根"。林怀民连声道谢，对台下深鞠一躬。

我们的梦想包括种树

新剧场完工的头一件要紧事是种树。三天内，林怀民亲自挑选购买了两百多棵树。"我所有的努力都在破坏这个钢铁跟水泥"。树来了以后他舒服多了。

"谢谢这些树把这个房子遮一遮，衬一衬，不然剧场好像很恶霸的样子霸住这个地方。"

在一篇介绍云门新家的文章里，林怀民说，未来他们要集合不同领域的年轻艺术家做跨界"创艺"，要把这里建成淡水社区的文化中心。他希望这里既长树，也培育人。"我们的梦想包括种树。"他写道。

他挑树有清晰的标准，千万不要整齐，他要歪七扭八的、枝丫多的、姿态舒展的树。就像他看待舞者，"要有个性"。

开幕那天，一个朋友送给他一只小小的、从印度带回来的木质大象作礼物。朋友说大象聪明、敏感、温柔，很像林怀民。可一旦发起脾气，周围的人都要拔腿飞奔，这也像林怀民。他听了在一旁大笑。

在种树这件事情上，他表现得像个"独裁者"。他巨细靡遗地做着规划，种什么树、多少棵，甚至亲自规定了每一棵树的具体位置。

一棵种错位置的树惹得他怒气冲冲，"就是我不在的时候种错的"。为了证明他的怒火非常有道理，他坚持要带我实地去看看，看那棵树如何糟糕地破坏了他的整体环境设计。到了位置后，我们没看到那棵树，地上只留下一个大窟窿。"搬走了，搬走了。"他愣了一下，然后露出了笑容，"我抗议太久，我要去嘉奖。"

他叫《人物》记者听口令，背对剧场走几步，"好！转身。"树木合抱的小径尽头，剧场墙壁上"云门"两个字落在正中央。他得意扬扬，说被命令挪走的那棵树，破坏的正是这个完美镜头。

按照他的要求，人们把三棵菩提树从八里老排练场移植过来。

砍掉碍事的枝丫是被绝对禁止的——那会叫他心疼得发疯,因此人们费尽周折地拖着大树跟路上的有线电视线搏斗。从出发,到被大吊车拎着放在新的泥土里,他拍了一路。他把平板电脑里的图一张张翻给我看,"像个恐龙,吓死的,你看看,厉害吧"。其中一棵树被大火烧过,他一度以为它完蛋了,结果挣扎着活了过来,拼命冒绿叶子。

移过来的还有他母亲手植的梅花,林怀民为它挑选了玻璃餐厅前的好位置。"一面开花,一面落叶,花开完,叶子'嘭'就出来了。"他赞美它,"最争气。"20世纪80年代,他的母亲在日本剪了个枝,带回来培植。母亲去世多年,这棵树却愈加繁茂。"过年前我妈妈的这棵梅树大概有2000多朵花"。没人问他怎么得到的这个数字——"不得了,你数不完的,像一片梦一样的"。

他从花市拎回来两株不足一米的鸡蛋花。叫计程车时,司机说这可装不下,一抬头认出是林怀民,立马换了语气说,好,那林老师我们来试试看。

"这些树都很争气。"他挨个地表扬,开始快快要死,后来挣扎着活了,都是好样的。原生的植物他也赞美,比如撑着大大叶子的姑婆芋,刚刚爬上日光平台、卷着紫色花朵的大邓伯。他期待它们蔓延开来,姑婆芋遮住裸露的土地,而大邓伯为剧场屋顶遮阴。

林怀民最喜欢一棵原本就在此地的大榕树。它年代久远,无数须根从枝干上垂下,很有气势。他说自己因为在这棵树下站了一会儿,"就栽下去了"——决定在此安家。他说自己尊敬它,"一棵像一百棵"。

什么时令有什么样的花开放,他也安排好了。照他心里的四季时间表,该开花的开了,他就高兴,没按时开的,他就生闷气。比如那八十棵闷着不开的桂花树,他嚷嚷着要退货,"我才不是要他的灌木"。

6月8日他要带舞团去俄罗斯演出。他指着一株不知名字的花树,说期待走之前,"那个白的要给我开"。

他要树和草都自然生长。看到工人锄草,他急吼吼地跑过去阻挠,说不要锄,"就让它长长看嘛,就让它长长看"。

他在剧院外的某个墙角插了一根菩提枝,几根木头拐杖似的围架着它。因为他觉得,应该有棵树,云门跟着它一年年长大。

现在,林怀民有点为两个月后的台风季焦虑。他说,这些树和花都必须很用功地长才能活。他忧心忡忡,"希望它们在刮台风的时候撑得住"。

为没有机会上剧院的人演出

1973年,林怀民以"云门"作为舞团名称。名字取自古籍:"黄帝时,大容作云门。"相传"云门"存在于五千年前的黄帝时代,是中国最古老的舞蹈,舞容舞步均已失传。林怀民带领的"云门"是中国台湾地区第一个职业舞团,也是华语世界第一个当代舞团。

62岁时,林怀民获颁欧洲舞动国际舞蹈大赛"终身成就奖",评审团赞誉他是"创新舞蹈的先驱"。这意味着林怀民与乔治·巴兰钦、威廉·弗塞这些20世纪的编舞大师,并肩而立。66岁时,他获颁美国舞蹈节"终身成就奖",这个奖项表明林怀民进入了国际现代舞领域的"终极名人堂",颁奖词说:"他辉煌的作品不断突破藩篱,重新界定舞蹈艺术。"

欧洲舞蹈杂志刊文赞誉林怀民和他的云门舞集,"这项亚洲舞蹈进化的重要性,绝不亚于威廉·弗塞的法兰克福芭蕾舞团对欧洲古典芭蕾的影响"。

1973年,21岁的林怀民创办云门时,他希望它不仅仅是一个艺术团体,"我是希望这个舞团跟社会能够有一个联系"。

他反对将云门剧场视为他个人作品的博物馆:"没有意义。"他说,"我走了以后,说不定我的作品都没有了,蒸发了。那不要紧,可是这个能量要一直延续下去。"

他时时不忘强调,云门的存在来自台湾地区社会各界的支持,因此要反哺社会。

林怀民相信,经济上永远做不到平权,但文化上可以。他提醒一代又一代的舞者:"云门的初心不是赚钱,是为没有机会上剧院的人演出。"

现代舞走出剧场到户外公演,是林怀民"文化平权"愿景的实践。1977年,云门做了第一场户外免费演出。1996年开始,在企业的赞助下,云门每年到全岛几个城市户外公演,为各地乡亲演出,成为台湾地区每年的盛事。

对林怀民来说,这是非做不可的事。他说,如果把户外公演抽掉,他会"立刻生病进医院",丧失全部斗志。

云门舞集创立四十周年时,在台东池上演出。

最难忘的经历是云门舞集创立四十周年时,在台东池上的演出。他们在梯田上架出5000个座位,池上的乡亲,扶老携幼,都来了。烈烈艳阳、变幻不定的云、不打招呼就泼下来的大雨,都成了天然布景,而舞者在稻田里演出。

有人问林怀民,你为农民、工人、小贩们表演,可他们看得懂现代舞吗?

"曾经有一个大娘跟我说,林老师,我统统看不懂,可是我好感动哦。孔子说'游于艺',这里面是身体的感官带动精神的享受。到剧院是'稍息',不是'立正',毕竟这不是一场考试。"

每当大场面户外公演演完,数万观众安全散去,回到家,他会喝一杯——一定要烈酒,是收惊。"户外演出是很紧张的,一旦下雨,大家都跑起来怎么办？这种事情从来都没有发生，谢天谢地"。

6月初的下午，海上雾气升腾，似乎即将有一场大雨。林怀民把舞者带到宽阔的日光平台练舞，希望他们在出国演出前，再熟悉一下动作。他挨个提醒他们，动作不要做足，千万不能受伤。

舞者持长杆，重重敲击地面，引得游人瞩目，大家纷纷聚拢过来。林怀民正对着舞者，而舞者背对着大海，就这么跳着。

不知道什么时候，音乐停下来，舞蹈结束了。舞者们在动作结束的地方停住，或坐或站着平复呼吸。没有人说话，林怀民也不吭声地看着大海。

过了好一会儿，他喊一个远处的舞者的名字，叫他不要坐在平台边缘。"你给我下来，我怕。"又叮嘱离他最近的一个舞者，叫他明天去见医生。这个年轻男孩因为练舞，胯受了伤。

谈起舞者，他变得很温柔。他在意舞者的身体状态，也在乎他们开不开心。"有些伤在身上，有些伤在心里。"他悄悄地对《人物》记者说，"演出完大家都鼓掌，但如果他们不开心，又有什么用呢。"他招呼大家坐下来，"都坐下来，看看海。"他自言自语，"看看海什么都好了。"

艺术的标准

//

87版《红楼梦》
幕后的大师们

1987版《红楼梦》已经成为一个符号,
既是亲历者青春流逝的证据,也是一个浮躁和碎片化的新世界里,后来者不断去缅怀和称颂的对象。
同古往今来任何一个"为他人作嫁衣裳"的故事一样,
幕后成就它的那些人,已经被遗忘。

引子

2017年6月17日晚的人民大会堂，纪念1987版《红楼梦》30周年的音乐会开演，《枉凝眉》第一个音符飘出，座无虚席的现场立即响起掌声和抽泣声——台上的演员们年华老矣，容颜不再，原唱陈力的嗓音中带着明显的干涩和紧张，但因为隔了遥远的三十年，一切都可以被原谅。

临近结束，大屏幕上逐一放出1987版《红楼梦》顾问团的名单，二十人里，十九位已不在人世。掌声弱了下去——对如今的观众来说，这些名字都太遥远，太陌生。

再也没有这样做学问的人了

音乐会前，编剧周岭在东四环的一处豪华小区接受了我们的采访。这三十年里，他在学界和商界闯出了不小的名堂，不管从哪一个维度衡量，都算得上是标准的成功人士。

但众多1987版《红楼梦》的演职人员里，周岭是唯一一个谈到

《红楼梦》时会落泪的人。

他说,那个年代已经远去了,当初手把手教他的先生们,也都不在了。

《红楼梦》建组时,周岭只有三十多岁,是三个编剧里年纪最小的。在学界,关于《红楼梦》原著,一直存在程高派和脂批派的争论,周汝昌是坚定的脂批派,不认同高鹗续书的结局。而周岭算是周汝昌的忘年知音,因此才有了1987版对后四十回的改编,舍弃了"兰桂齐芳、贾府中兴"的大团圆,循着前八十回的伏笔,重新设计了"白茫茫一片大地真干净"的结局。

那时周岭每写一集剧本,就会附带写一封信寄给周汝昌,讲清楚这段故事从哪儿来的,为什么这样写,这个人物和那个人物是什么关系,用学术研究的架势写剧本。

周汝昌也兴奋,如果有段时间没收到周岭的信,就赶紧托人来催。他有时认同周岭,回信说你写得不错,有时又不认同,"我觉得这里这么改一下更合适"。

还有些时候,周汝昌认同后又反悔,一封回信到了周岭手里,没隔几天,又收到第二封,周汝昌在信里说:"我收回之前的意见,这里还是这么改更合适。"后四十回的剧本,就是这么一个字一个字抠出来的。

再没有那样的年代:民俗大家邓云乡,手把手地教演员们怎么拿起和放下茶杯,怎么踩碎步,怎么行礼仪,怎么低眉顺眼做出小女儿的情态;清史专家朱家溍和红学家启功亲自示范古人作揖的动作,嘱咐周岭写到剧本里,千万不能让演员们搞错;顾问中目前唯一在世的建筑学者杨乃济,主持设计大观园和荣国府,严格按照明清建筑特征和《红楼梦》原文中的描述，即便学习古典建筑的专业人士，从中也挑不出什么毛病。

每个人都尽心尽力，而且没有一分钱酬劳。夏天开会，老先生们坐公交车穿越大半个北京城，顶着日头就来了，年纪大的，连咳嗽带喘，但坐到椅子上，张口就说起《红楼梦》。

"我们今天，到哪里再去找这样的老先生？"说到这里，周岭把手臂支在沙发上，身体后仰，尽量控制自己的眼泪不流出来。但没用，67岁的周岭还是哭了，"再也，再也没有这样做学问的人了"。

心酸与甜蜜

《红楼梦》对周岭意味着什么？

生在一个书香世家的他说起小时候，字都没认全的年龄，家里大人们聊天时讨论的就是《红楼梦》，"这一段下笔真是妙"，"那一段写得真美啊"。

"文革"时，少年周岭不明白发生了什么，家里的书全部被抄走，好几位族中长辈也被批斗。

幸运的是，《红楼梦》是为数不多被允许阅读的书。周岭后来被下放到煤矿挖煤，对当时的他来说，《红楼梦》是崩溃世界里唯一的一点儿光亮。现实世界怎么让人绝望，书中的世界还是美的、干净的。

周岭的经历，几乎成为剧组幕后推动者的集体底色。曹雪芹笔下的青春世界，也成为不少人在这段艰苦岁月里的安慰。

时代往前走，到了1987版《红楼梦》筹备的1983年，文化界经历了漫长的荒芜之后，都在想着怎么把丢掉的时间补回来，到了为《红楼梦》做些事的时候，大家都义不容辞。

顾问团里的二十位老先生自不必说，作曲家王立平被下放到农场待了好几年，每天种地养猪。看不到明天的日子里，他就靠翻《红楼梦》忍着熬着。他视曹雪芹为知音，觉得聚散离合皆前定，眼前的苦也算不得苦了。得知要拍《红楼梦》，他立即毛遂自荐。有人担心他是写流行曲的，觉得不行，说先写一首试试。《枉凝眉》一出来，剧组立即决定，就是他了。

饰演贾母的李婷特地找到化妆师杨树云，说"大云，你一定要帮我完成这个角色"。李婷是一位老演员，进入剧组时原本担任台词和表演辅导老师。后来，贾母这位荣国府"宝塔尖"上的人物，被她演活了。

顾问沈从文会嘱咐化妆师杨树云，去看故宫珍藏的《雍正十二妃》，他指着出版物中的第七幅，说第七妃很像"王熙凤"，这才有了神仙妃子的妆容。

隔着三十年的遥远时空，回望旧日的时代背景，1987版《红楼梦》生于大师尚未远走、人心尚有敬畏的20世纪80年代。而20世纪80年代向上承接的，是整整一代人被荒废和压抑掉的梦，一群在"文革"时期不能做梦、不敢做梦的人，终于在80年代彻底找到了出口。

这其中的心酸和甜蜜，或许才是1987版《红楼梦》最值得细细咀嚼和品味的部分。

一生的隐痛

1987年5月2日,《红楼梦》放映第一天就造成轰动。但凡有电视的人家里,都飘出了《枉凝眉》的歌声。

可批评声也随之而来。电视剧播完半个月,6月20日到6月24日,中国电视剧艺委会、中国《红楼梦》学会、《中国电影报》、《中外电视》杂志这四家单位,召集红学界、影视界、评论界及观众代表三十八人,召开了为期四天的学术研讨会。

研讨会上,大家普遍对横空出世的1987版《红楼梦》不买账,被骂得最狠的,就是如今已经被等同于"林黛玉"的陈晓旭。

有人说,曹雪芹笔下性格层次最丰富的林黛玉,被电视剧简化为一个刻薄小性儿的爱哭鬼,黛玉内心的悲凉复杂没有展现,反而"将一个'妒'字移为黛玉的主要性格特征,使人反感……"

这一年元旦,因为担心学界的批评,中央电视台的某位领导还特地联系了身在美国的周汝昌,希望后者写文章支持一下。

周汝昌欣然赋诗一首,其中一句是"首尾全龙第一功",意思是作为第一部普及古典名著的电视剧,终于从头到尾把故事讲完了,等同于为1987版《红楼梦》颁下护身符。

作为顾问,周汝昌为整体剧本,特别是后四十回的改编倾尽心力,也正是因为他的加入,《红楼梦》不再是戏曲舞台上"宝黛钗"的咿咿呀呀,还有了兴衰荣枯、聚散离合这些更贴近原著精神内核的部分。

但是周汝昌这句话前面还有一句，叫"朱楼搬演多删落"，意思是许多情节没展开，老人家很遗憾。

这也是周岭的遗憾，因为种种原因，后四十回的剧本遭遇了大量删节，原本应该有十五集，最后只拍了七集，这成为他一生的隐痛。

没能展开的情节也让周岭遭受了狂风暴雨般的批评，以至于再见到今时今日人们狂热的赞美，他觉得十分不真实："人心怎么这么善变？艺术的标准都死了吗？"

三十周年的纪念活动里，主创团队里的很多人接受采访时都会搬出"首尾全龙第一功"，但没人再提"朱楼搬演多删落"——1987版成为毋庸置疑的经典，一切往事俱已成烟。

无法弥补的遗憾

周汝昌和周岭的遗憾被永远困在了20世纪80年代。

纷争不断的红学界，几十年来都是人性的试验场。因为学术观点不同，为官方红学界所不容，周汝昌在20世纪90年代被逐渐边缘化。

周岭的遗憾更为具体，老先生们一个一个都走了，红学成了权力的敲门砖，大家都想着怎么捞钱捞名声，再没什么人肯安心做学问。

2012年，他在出差途中接到周汝昌去世的消息，一夜没睡，几次提笔想写点什么，眼泪立马就糊住了眼睛。

他很难再找到像周汝昌一样的知己，一老一少对坐，讨论《红楼梦》中的某个情节。周岭记得，当时周汝昌腿脚不好，常年挂着拐棍，特别高兴的时候，就咚咚咚用拐棍儿敲击地面。到了伤心的地方，两个人就那么对坐着叹息和流泪。

如今，周岭到了周汝昌指导1987版《红楼梦》时的年纪，终于理解了老先生当初的孤独。

时代飞速变化，人心变得浮躁。新版《红楼梦》全国选秀启动的时候，周岭被邀请为评委和顾问。他曾以为这是个弥补遗憾的机会，剧组有钱，各种条件也远在1987版之上。但后来，他发现自己错了。"人心变了。"周岭哀叹道。

他跟剧组和节目组提意见，讲《红楼梦》的意蕴。但新的时代，人们更关心的是，怎么拍才能更有卖点？

因为创作理念的不同，周岭后来发表过一篇文章，总结新《红楼梦》失败的原因：创作者太不拿曹雪芹当回事，太拿自己当回事。

人心的确变了，在一个崇尚快餐文化的时代里，利益和效率成了关键词，曹雪芹笔下的细碎和缓慢，并不适合这个飞速变革的新世界。

于是新《红楼梦》里，演员们可以贴满莫名其妙的黄瓜片儿，林黛玉死时可以露出半拉胖嘟嘟的膀子。

当时，新《红楼梦》黛玉死时裸露的镜头备受争议。

周岭非常清楚，1987版留给他的遗憾，再也没有机会弥补了。

难以超越的经典

1987版《红楼梦》再度被推上神坛,有巧合,比如陈晓旭的死,也有意外,比如2010版《红楼梦》的惨败。

这让1987版《红楼梦》的摄像师李耀宗觉得,时代情绪的变化经常让人摸不着头脑。

陈晓旭去世那年,一个朋友告诉李耀宗,在潘家园旧货市场,看到了当时拍摄《红楼梦》时的几卷底片。

李耀宗跑到那儿一看,还真就是自己当年拍的那些。按照台里的规定,底片必须上交。至于后来怎么流出到潘家园的,至今是李耀宗心底的谜。

后来李耀宗问卖底片的商家,多少钱,对方开口三十万,李耀宗头也不回地走了——他气的是还得拿三十万买自己拍的《红楼梦》。

李耀宗有种世事荒谬的感慨——大家都想着往前冲,人人都想占点儿便宜。这跟过去不一样。当时进剧组的人,大多都很单纯地想着,我能为《红楼梦》做什么。

李耀宗当时就手举肩扛一台摄像机,从30摄氏度的地方,跑到零下30摄氏度的地方,等梅花开好,等荷花开败,对着小说里的描述去捕捉镜头。

仔细审视过往每个十年的时代精神,再去梳理1987版的成因,或许《红楼梦》只能生于20世纪80年代。

只有那时，才可以为了一片开得更好的花海等上一年，可以为了贴合原著的精神气质放弃明星的选用，可以奢侈又任性地网罗所有的文化大家，可以手把手地把白纸一样的演员变为大观园中纯净又美好的姑娘。

对于演员来说，1987版是一生的幸运，他们在各自青春最盛的时候，同最负盛名的文学作品相遇，为曹雪芹笔下的青春王国提供了影像世界里的躯壳——不是因为演得好，而是因为长得像。

三十年过去，人们很自觉地将两者等同，所以当初万里挑一的演员们，能隔着三十年的时间，再度站到追光灯下。在凉薄和健忘的演艺圈，这是极其难得的幸运。

2017年6月17日，音乐会现场，主持人张国立和他当时扮演"王熙凤"的夫人邓婕，有段活跃现场气氛的对话。邓婕笑言，原本大家以为参演《红楼梦》只是昙花一现，没想到三十年过去，头顶上的光环依然耀眼。

张国立答："那是因为你们命好。"

的确，能够产生1987版《红楼梦》的那个年代永远过去了，愿意慢下来的人都消失了。我们有了钱，有了更新更好的技术，但缺失的那部分，可能永远也找不回来了。

仓本聪

回到
生活原点

又过了三年,他发现晚上睡觉时,
耳朵开始会不由自主地颤动:"就像野兔和松鼠之类的
野生动物在夜晚捕捉森林中的簌簌声响一样,
耳朵的颤动是为了时刻判断危险,
人类的原始本能在我身上苏醒了。"

树不会骗人

当北海道的薰衣草田尽数收割，一年中最热闹的观光潮随之退去，经过冷清的富良野王子酒店，往森林更深处走去，进入外来者不会踏足的领地——道路的尽头立着一块"注意：熊出没"的牌子，沿着坂道而下，就是日本剧作家仓本聪住了四十年的森林小木屋。

在富良野见到仓本聪的下午三点半，他正埋头坐在爱用的椅子上，面对玻璃窗勾勒出一棵树的轮廓。

仓本聪，日本著名剧作家、导演，和山田太一、向田邦子合称为日本的"剧作家御三家"，2000年获得日本政府给予艺术家的最高奖章：紫绶褒章。

画画，且专注于描绘生长在北海道的树，是仓本聪始于十多年前的业余爱好。此时，他最新完成的剧本——长达140集的《安宁之乡》正在朝日电视台播出，再过两周半就要迎来大结局。舞台剧的公演也已经结束一阵子了，但他还没心思写新的剧本，而是把固定的写作时间都用来画树，三天完成一幅。

桌上摆满彩色铅笔，他向我展示了几棵还未来得及上色的树：一棵年代久远的古木，一棵在清晨时分，另一棵于静寂黑夜，又有一棵是朴木，树叶上爬着可爱的尺蠖虫，他给它加了标注："树木的测量士。"每完成一幅画，仓本聪一定会配上一段文字，在后来经纪人发给我的一张作品上，白桦树上一只蜘蛛正在结网，就成了可爱的童话故事："蜘蛛生气了。今天早晨筑好的巢拥有近来最好的完美造型，原本决定将它永久保存，蜻蜓却闯了进来，弄得乱七八糟的。这个破坏美的冒失鬼，接下来就怀着愤怒，吃掉它吧。"

"写剧本的时候，不是在描绘人吗？画画的时候，则是在描绘树。我只不过是将描绘的对象从人变成了树。树不会骗人，也没有背叛。而人呢？互相背叛着，欺骗着，说着谎言，才能活下去。"他合上画簿，依然盯着窗外："可是自然啊，是绝对不会说谎的。"

这天早上，在富良野自然塾的草地上，项目经理中岛吾郎指着远处一棵树问我："你知道它有多少枚叶子吗？""10000枚？还是20000枚？""答案是75000枚，这是仓本聪老师精心计算得出的结果。"中岛露出"就知道你会猜错"的得意神情，"人类就是靠这些树叶活下来的。待会儿你去种树，可能会抱怨两句太辛苦，那个时候请想起我说的这句话：'正因为树叶的存在才有了氧气，我们才能生存在这个世界上。'"毋庸置疑，这是仓本聪教给他的道理。

静冈县出生的中岛吾郎来到富良野的过程颇有些追星色彩。1980年，以北海道富良野为背景，由仓本聪担任编剧的《来自北国》播出，这部国民电视剧风靡日本，中岛也因《来自北国》痴迷于仓本聪哲学，在追完仓本聪所有的电视剧和舞台剧后，愈发与他对环境的思考产生共鸣。十年前，中岛吾郎听说仓本聪在北海道开办致力于环境教育的NPO法人"富良野自然塾"，不顾家人反对，辞掉在大企业的工作，欣然前来应聘，并移住到了北海道。

从偶像变成上司，仓本聪在中岛吾郎心中是一个怎样的存在呢？"是目标呢。我总是以'如果是仓本老师，应该会这样做；如果是仓本老师，一定不会那样做'来作为自己的行为准则。他是如此严格的一个人，绝不妥协，永不满足，因此我也变得严格起来。"说完这话，中岛吾郎递给我一张纸，上面写着唯一一句采访要求："向仓本聪提问时，请大声说话。"就算是这么不妥协的仓本聪，"也已经是老爷爷了呢"。

"闇的教室"

十年前，72岁的仓本聪成立富良野自然塾时，初衷是想将富良野王子酒店一个倒闭的高尔夫球场还原为森林，在带领人们种树的过程中，又开始环境教育活动，以"地球"和"五感"为关键词，设计了各种环境体验项目。如今，已经有36408位外来者造访这里，种下了57549棵树，他们都会参观仓本聪设计的将地球46亿年历史转化为460米长度的"地球之道"，也会在工作人员指导下用手帕蒙住眼睛，赤裸双脚在森林里走一遭。

在这条"地球之道"上，地形微妙地变化着，起初是草地，接着是泥土、木头、圆形大石块、细碎的沙粒，时而会踏上落叶，雨后会踩进水洼……与此同时，头顶的鸟叫，草丛中的虫鸣，耳边掠过的风声，都在失去视觉的世界里清晰地成为情报的一部分。在那条林间小道上，我遇见一对来自滋贺县的夫妇。当妻子被蒙上眼睛，丈夫牵着她的双手走进森林时，面对眼前的一片漆黑，她下意识地尖叫起来："不不不，这太恐怖了！"富良野自然塾还有另一个名为"闇的教室"的项目,让人们在光线全无的黑暗中感知四季,对都市人来说简直是一场心理恐惧实验。

置身黑暗世界的精神恐惧,当初刚住进森林的仓本聪也有过。四十年前,仓本聪从东京搬到富良野的森林中,不同于都市中尚有光影绰绰可视度的黑夜,森林中的夜晚是连自己的双手也看不见的黑暗,是眼前世界似有万物又空无一物的黑暗。"但是,宇宙的夜晚不就是这样吗?当没有太阳光线的时候,包裹在彻底黑暗中的宇宙。那些野生的动物,熊也好,鹿也好,狐狸也好,狸猫也好,都已经默认并接受了这件事,只有人类深信夜晚亮着灯才是理所当然,忘记了在黑暗中该如何行走,忘记了用嗅觉和触觉来判断世界,被文明社会麻痹的人类,已经失去了原始的姿态——尤其是如今生活在都市里的孩子,已经不知道世界上还有暗闇(日语词,形容一种黑暗状态)的存在了。"

"利用眼睛来认识一切事物,是人类的退化"。又过了三年,他发现晚上睡觉时,耳朵开始会不由自主地颤动:"就像野兔和松鼠之类的野生动物在夜晚捕捉森林中的簌簌声响一样,耳朵的颤动是为了时刻判断危险,人类的原始本能在我身上苏醒了。"

在2015年出版的散文集《来自昭和的遗言》中,收录了仓本聪写的一个关于少年和暗闇的故事:5岁的少年和父亲躺在富士山麓的小小帐篷中,荒野中夏草杂生,厚厚的云层遮住了星月,世界陷入无边黑暗。少年对黑暗感到害怕,身体不由自主地颤抖起来,父亲安慰他:"黑暗乍一看很恐怖,实际却是很温柔的东西哦——不信,你听听。"少年深吸一口气,世界随后传入他的耳朵:先是虫鸣阵阵,然后有风掠过,偶尔"啪嗒"一声是树木在生长,*潺潺流水声来自地下深处*……少年渐渐听得入了迷,也开始闻到花的气味、草的气味、泥土的气味,被风从远方带来的野兽气味,他的内心感到宁静。时间过去四十年,父亲离开很久了,母亲也不在人世,少年长成了男人,偶然又回到了荒野,他在都市里生活得太久,已经完全忘了暗闇的存在,当荒野中的黑暗再度来临,男人又一次被恐惧和孤独袭击,大声地哭了起来。这时,耳边突然传来死去的父亲熟悉的声音:"你没有闻到味道吗?你没有听见声音吗?听见水的声音了吗?闻到土的味道了吗?闻到野火正在焚烧枯草的味道了吗?黑暗绝不是恐怖的东西,黑暗正在温柔地拥抱着你啊。"故事的结尾,仓本聪写下这样的句子:因为懂得了战争,才会珍惜和平;因为懂得了黑夜,才为早晨到来感到开心;因为懂得了暗闇,才会因光而欣喜;因为懂得了暗闇,才会感谢光。

富良野塾

那个因为暗闇而感谢光的5岁少年,似乎一直活在仓本聪身上。他的经纪人鸨田真理小姐,一个富良野土生土长的年轻女孩,是这么跟我描述他的:"对我来说,老师是一个永远从根部思考物事的人,永远拥有一颗穷尽想象力的少年之心,和他在一起工作这件事,简直像是梦一样。"

鸨田真理显然也是仓本聪的忠实粉丝,事实上,聚集到他身边的年轻人,几乎全都是他的崇拜者。在富良野自然塾之前,1984年,仓本聪自费成立了培养年轻演员和剧作家的"富良野塾",那些以他为模范的年轻人,纷纷聚集到北海道开始时长两年的共同生活。

那是比想象中更加严酷的生活。每天早上五点起床，六点开始干农活，中午才有一个小时休息时间，时间有限，人人都训练出十五分钟吃完饭、争分夺秒睡午觉的高效睡眠术。下午接着干农活，结束后回到塾里进行内部劳动，从建造房屋到打扫卫生都得靠自己的双手。由零开始，从"无"中生产出最基本的生存必需品，对生活一无所知的年轻人，渐渐都成了专业人士。晚上七点，仓本聪准时从二十公里之外赶来上课，此时肉体上的辛苦又变成精神上的压力，因为在他们眼前的，是一个那么容易就勃然大怒又完美主义的老师。

至2010年春天，仓本聪因为体力衰退不得不关闭这间私塾时，已经有25期共计380名学生从这里毕业。富良野闭塾七年后，没有第二个人再做和仓本聪一样的事情。人人心中有数，这不仅是理想主义，不仅是体力消耗战，更加需要内心的热情和胆量。这些年轻人的父母均是战后一代，把他们视为珍贵宝物的孩子聚集在一起，而且下地干农活，是一件太高风险的事情。富良野塾存在的25年间，发生过各种伤病和事故，"其中光是被农具切掉的手指，就总共有七根。"父母闹上门的事情不是孤例，中途放弃的孩子当然也有，"每年都有那么两三组连夜逃走的"。

那些咬牙挨到毕业的年轻人，最终未能进入电视界的也不是少数。但他们后来过着怎样的生活，仓本聪心里大致有数，这让他更加坚定了：哪怕只是短短两年投身于自然的生活，也足以改变一个人的人生。"富良野塾教给这些年轻人的最重要的东西，并不是如何实现艺术才能，而是回归生活原点，学会在尚未被文明开发的世界中如何生存。人一旦掌握了那样的生活哲学，未来面对什么都不会感到害怕了，在任何一条道路上都能顺利走下去。他们已经掌握了生活的方法，这就是成功，也能变得幸福"。

把"爱"也加进去

仓本聪非常喜欢谈及"幸福"这个概念,《来自北国》热播时,他发明了一个词:贫幸,意指在贫穷中也存在的幸福,或可以说是正因为贫穷才真实存在的幸福。

如今他仍会在谈话之间,冷不防地提问:"对你来说,幸福的定义是什么?"在听过五花八门的答案之后,他会说起一个故事:"我是出生在战争中的一代,童年时期头顶每天都盘旋着美国人的战机,生活就是被父母带着在空袭中不停逃窜,可就算是这样,和父母暂时藏身于防空洞中,大家唱起歌来的那个瞬间,强烈的情绪依然会涌上心头:'啊,真幸福啊'。就算没有钱,就算不知道明天会变成什么样,能和家人一起唱着歌,不就是幸福吗?在我的定义里,幸福不是什么庞然大物,而是满足于当下的自己,永不知足的人永远不会幸福。然而,今天的人们却不这么想,还是想要更多房子,还想要更高级的车,还想要这样那样的东西……一生内心都不会感到满足,这是真正的'不幸'哦。"

仓本聪喜欢跟来访者讨论的另一个话题是:"对你们来说,不可缺少的生活必需品是什么?"这是他会问每一个富良野塾生的问题,而在所有这些年轻人毕业时,都得出了和他同样的结论:首先是空气,然后是水和食粮。仓本聪的观点至今未变,只是坐在我对面的午后,这个82岁的老人突然闪过一个念头:"我刚才想到,空气、水和食粮都是物质,作为抽象的存在,应该把'爱'也加进去。"一定要这么心灵鸡汤吗?"人是不能独自生存于这个世界的不是吗？在一个社会体系中，人和人之间如果互相没有爱，彼此不能理解和尊重，是很难共存下去的。所谓的爱，并不是指恋爱，它以各种形式存在：异性之间、同性之间、人和物之间、人和自然之间、人和世界之间……换一个词，我们可以称之为'绊'。"

关于"爱"的诠释，出现在仓本聪的每一个剧本里。最近的《安宁之乡》说的是这样一个故事：对日本电视业作出巨大贡献的艺术家们，退休之后共同生活在一间与世隔绝的高级养老院中。从反响来看，中国观众对那样有钱有闲、衣食无忧的老后生活发出向往：实在是幸福啊。

"我想说的是孤独，绝不是什么幸福"。这些看起来生活有保障，晚年却不能和家人生活在一起，拥有再多积蓄却不能享受家族爱的老年人，在仓本聪看来是世界上最寂寞的人。寂寞背后也是近年来日本社会探讨得最多的话题之一——高龄化之下的孤独死。促使他提笔写下这个剧本的是一段真实心绪：就算是那些曾被众星捧月的名人，活着活着也就只剩下独自一人。

"我认识的一个知名女演员，某天被发现死在家里，那时已经过去了整整一周。曾经是非常大牌的美女演员，却在死后的一周时间里没被任何人察觉。她的死带给我非常大触动，我想要对这些独自生活的老年人，稍稍伸出一只救助之手，于是开始写这部电视剧。"

在仓本聪看来，那些独自死去的老人背后，是日本社会正在崩坏的家族关系。随着战后复兴和城市化发展，日本传统的"父辈、子辈、孙辈三世同堂"的大家族渐渐转变为核家族：仅仅由夫妻与未婚子女构成的家庭。核家族如今占据日本社会的60%，在城市工作的子女和遗留在农村的父母完全分离开来，从小被寄养在保育院的孙子更是每年只有两三天和爷爷奶奶见面的机会，他们完全是异世界里的陌生人。

仓本聪甚至有些羡慕中国的家庭关系,认为那种"爷爷奶奶围绕着孙子转"的生活才是血脉的维系。从前的日本社会也是由爷爷奶奶抚养孙子,对上了年纪的老年人来说,最可怕的其实是时间:"拥有了生活的余裕,能做的事情却一件也没有,这才是最不幸的事情。我们这个年代的人,年轻时拼命工作,自认为过着幸福的生活,退休之后却突然被闲置了,眼睁睁看着自己一天天老化下去,仅仅只是等死而已。"

"82岁,战斗中。"

仓本聪也是高龄者中的一个,却一天闲置的生活也没过上,大约是因为他的辞典里没有"退休"这个词。2016年有电视台为他制作了一期专题节目,开头便是总结陈词:"82岁,战斗中。"

"到底在战斗些什么呢?"我问。

"和昨天的自己战斗。如果今天的自己没有比昨天的自己更加上升,不是很无聊吗?如果昨天的自己就这么延续到了今天,再延续到未来,不是一点都没有趣吗?"他说。

"人生一定要这么激烈吗?"我又问。

"我的人生就是这么激烈哦。所谓自我成长这件事,不就是战胜昨天的自己吗?"

和昨天的自己战斗着的仓本聪,82岁的一天大抵是这样的:早上4点起床写作,写到8点左右开始吃早餐,基本是咖啡和面包,休息片刻再继续工作,午饭后稍稍睡一会儿,下午三点半开始新的工作,一直持续到傍晚。他抽很多烟,也喝很多酒,纵情于烟酒,却只在创作这件事上对自己格外严格。

必须严格,因为写剧本是需要用一生磨炼的职人技。"但凡是在学校时代有点作文知识的人,其实谁都能写出一两个剧本。但如果因为心血来潮的一两部作品,就认为自己一生可以靠这个吃饭,那就大错特错了。在成为一个剧作家之前,首先要成为一个技术者,要忘记自己想成为作家这件事,转而专心磨炼技能。我也是直到临近60岁,才终于能够摊开纸,写自己想写的故事"。

时光倒流43年,回到仓本聪的39岁,彼时他已经是NHK大河剧《胜海舟》的编剧了,算是年轻有为,却因为和电视台意见不合,中途遭到工作人员集体弹劾,受挫至极,他仓皇搭上从东京飞往札幌的飞机,以一个失败者的姿态逃到了北海道。从那之后,他再也没有离开过北国的土地,几十年后有人问他:为什么是北海道?他笑:"我们常说'败北'这个词,却没有人说'败南',失败之后,大家总是逃往北方的。"

没人会说仓本聪是个失败者。"逃"往富良野定居后,仓本聪以富良野为背景创作了有名的"北海道三部曲"(《来自北国》《温柔时刻》《风之花园》)。在富良野一间咖喱店里,一位年迈的店主对我说:"那个人是富良野最有名的人了。这里从前根本是农村,因为他的到来,因为他写出了《来自北国》,观光客越来越多,才变得热闹起来。"在美瑛一家名叫"皆空窑"的陶器工坊里,我参加了一个体验项目:亲手做一个《温柔时刻》中的咖啡杯,90分钟,9000日元——在这部2005年播出的电视剧里,二宫和也饰演的男主角就在这里进行陶艺修行,如今工坊里堆满了他在剧中制作的同款杯子,网上订单络绎不绝,早已是人气商品。《温柔时刻》里"森之时计"咖啡馆和《风之花园》里的小酒吧,原本只是搭建来作为拍剧场地,没想到十多年后依然对外营业着,朝圣者络绎不绝——我去了后者。那家森林酒吧的酒单首页隆重推荐仓本聪的原创作品:一款用杰克·丹尼调制的鸡尾酒,取名为Rusty Pen,生锈的笔。调酒师向我解释酒吧名字的来源:"Soh's BAR,聪的酒吧。"仓本聪还是经常会来这里喝一杯,每个月两三次。

  无意中让富良野从荒野变成了观光地,仓本聪本人其实颇有些懊恼。"我根本没想做这些多余的事,我只想生活在一个更加安静的地方,生活在自然和森林之中。富良野变成现在这样,真的很讨厌,真的很想逃走,但毕竟是花了四十年时间才好不容易安定下来,才和这里的自然成为朋友。"事到如今再搬去别的地方,年过八旬的仓本聪也是没有余力了。

  在富良野居住了四十年之后,82岁的仓本聪坐在他名为"朋友"的森林中,缓缓谈起他的死:"我的生死观非常单纯,死后即归于无。如果有一天我死了,就把我扔到荒野中,让野狼、棕熊和狐狸吃掉我的肉体,再让虫类和微生物吃掉我的骨头吧,等到肉身都归于无之后,我才算是真正死了。"

辑
三

PART 3

执着

...

我们都是昼夜不停的赶路人

杨振宁

//

盛名之下

盛名之下的杨振宁是一位诺贝尔奖获得者,
但专业领域之外很少有人知道,
他是20世纪以来的物理学史上,
仅次于爱因斯坦的世界级物理学大师之一。

坐在我的左边

都是回忆。推开大礼堂的门，还能闻到小时候的味道，每个礼拜六父母亲带他到里面看电影。第一部电影的细节还清楚地记得，片子讲的是1929年美国经济危机中一个资本家的故事。躲避通缉的资本家藏身在一个很小的地方，圣诞节时，外边下了雪，他穷途潦倒，"走回到他家的那条街，窗户里头，看见了他的太太跟他的孩子们，看见了圣诞树"。老体育馆是孩子们经常去的地方。那时候清华每年都要举办北平市大学生运动会，总是人山人海。他们一帮清华园里教授家的孩子就自发组成拉拉队，给清华的运动员呐喊助威。

杨振宁先生拄着手杖在校园里走着，每次经过这些地方，从前的情景就出现了。他95岁，人生绕了一圈，又回到最初的起点。路边的槐树和银杏继续繁盛着，身边走过的是正值青春的学生们，也有父母牵着的七八岁孩子，就像八十多年前他和他的小伙伴们。近一个世纪的时光似乎只是刹那。

与大多数睡眠少的老人不同，杨振宁现在还可以像年轻人一样

"睡懒觉",早上9点多钟起床,处理一些邮件,中饭后再睡一两个小时午觉,下午四五点钟出现在离家一公里的清华园科学馆办公室里。晚上,有时和翁帆在家里剪辑一些家庭录影,素材的时间已经跨越了大半个世纪,年轻时他用摄影机记录了很多家庭时光。2013年一次因背痛入院后,他不能再进行长途旅行了,"太累的话,背便容易出毛病"。——也许因为年轻时太喜欢打壁球受了伤,也许只是时间不曾放过任何一个身体。他现在怕冷,常常要泡泡热水澡,家里的浴室和卫生间里都装上了扶手保障他的安全。

"你坐在我的左边。"杨振宁对《人物》记者说。他的左耳听力更好一些——依然需要借助助听器。但在很多方面他又完全不像一个95岁的老人——他有一双依然明亮的眼睛,说话时声音洪亮,思维敏捷,几十年前的细节回忆起来一点也不吃力。采访中,每当遇到他需要思考一下的问题,他总是略微抬起头,凝神静思,认真得像一个孩子。

办公室乍看上去并无特殊,但房间里的一些物件透露出主人的特殊身份。比如墙上挂着的一幅字——"仰观宇宙之大,俯察粒子之微",落款莫言。杨振宁读过莫言的小说,但他对现实世界发生的事情更感兴趣,最近关注更多的是国际大势,比如特朗普"要把整个世界带到什么地方去"。有时看到了他觉得好的文章,他会通过邮件分享给十几个关系密切的身边人。

杨振宁每天会看看央视和凤凰卫视的新闻。这是他很早就有的习惯。在弟弟杨振汉的记忆中,他早年在美国时,每天都要看《纽约时报》《华盛顿邮报》《国际先驱论坛报》,"很快地翻,看看这里面有没有什么时局变动"。他是1949年后最早回国访问的华裔科学家,也是在报上看到的消息——1971年,《纽约时报》一个不起眼的地方刊登了一则美国政府公告,他从中发现了中美外交关系"解冻的迹象"。

2003年,相伴53年的太太杜致礼去世后,杨振宁从美国回到他从小长大的清华园定居。如今的清华在某些方面已经完全不是他记忆中的样子了。几个月前,好友吉姆·西蒙斯夫妇来北京看望他和翁帆,在清华住了几天。西蒙斯是他在纽约州立大学石溪分校时的数学家同事,后来成为"传奇对冲基金之王"。有一天,西蒙斯的太太问杨振宁:"Frank(杨振宁的英文名),你不是在清华园里长大的吗,你小时候住的地方还在不在,带我们去看看。"当年杨家住在西苑11号一个约200平方米的四合院里。杨振宁带他们去看时,发现大门已经不能辨认了,一家人住的院子如今住进了五户人家,宽敞的院子成了黑黢黢的七弯八拐的小胡同。

"后来我想,是不是给美国人看有点寒碜,可是又一想啊,不是,非常好,为什么呢,使得他们了解到中国要变成今天这样子,不容易"。在清华园里种种复杂的感受,杨振宁归为一点:他经历了一个不寻常的"大时代"。

采访那天,摄影师请他倚在科学馆楼梯拐角的窗前,这幢建于1918年的砖红色欧式三层小楼曾经也是他任清华算学系教授的父亲的办公地。乌黑色的窗棂纵横交错,窗外是初夏满眼生机的绿色,旧时光似乎还在昨日。

伟大的科学家

杨振宁在科学馆的办公室里放着一块小小的黑色大理石立方体,这是清华大学送给他的90岁生日礼物。四个侧面依次刻上了他这一生在物理学领域的13项主要贡献,其中最重要的有3项,分别是1954年与米尔斯合作的杨-米尔斯定律(或曰非阿贝尔规范场理论)、1956年与李政道合作的宇称不守恒定律和1967年的杨-巴克斯特方程。

毋庸置疑,杨振宁是20世纪最重要的物理学家之一。但对于普通人来说,理解一位理论物理学家的贡献也许实在太难了。著名华裔物理学家、MIT数学系教授郑洪向《人物》记者提供了一个形象的说明:物理学界有一个通俗的说法,诺贝尔奖分为三等,第三等的贡献是第二等的1%,第二等的贡献是第一等的1%,60年前杨振宁与李政道因提出"弱相互作用中宇称不守恒"获得的诺贝尔奖是其中的头等——爱因斯坦是唯一的例外,特奖。

在许多物理学家的回忆中,1957年10月的心情是兴奋、激动和传奇。美国科学院院士、著名超导体物理学家朱经武当时在台湾地区中部一座"寂静小城"读高中,接下来的几个月里,他读遍了所有能找到的有关杨振宁的报道,在教室和操场上不断地和同学谈论他们完全不懂的"宇称不守恒"。佐治亚大学物理系教授邹祖德12年后在英国利物浦一个很小的中国餐馆吃饭时,听到一个没读过什么书的厨师和店主非常自豪地谈起杨振宁的成就,"感慨万分"。

郑洪向《人物》记者回忆第一次接触杨振宁的情景——那是1964年前后,他在普林斯顿大学做博士后,在普林斯顿高等研究院工作的杨振宁当时对他来说是"神话里面的人物"——在一个中国同学会上,大家正在聊天、跳舞,突然有人说,杨振宁来了,"大家都轰动了",纷纷站起身迎接杨振宁。

实际上,杨振宁最重要的工作并不是宇称不守恒理论,而是杨-米尔斯理论,如果说前者让他成为世界知名的科学家,后者才真正奠定了他的一代大师地位。杨-米尔斯理论被视为"深刻地重塑了"20世纪下半叶以来的物理学和现代几何的发展。美国声誉卓著的鲍尔奖在颁奖词中称:"这个理论模型,已经跻身牛顿、麦克斯韦和爱因斯坦的工作之列,并必将对未来世代产生相当的影响。"量子电动力学奠基人之一、国际备受景仰的著名物理学家弗里曼·戴森称杨振宁为"继爱因斯坦和狄拉克之后,20世纪物理学卓越的设计师"。

半个多世纪之后,互联网时代的中国舆论场上,这位在国际上备受尊崇的"great scientist(伟大的科学家)"、当年"神话里面的人物"却在遭受庸俗的解读,因为与翁帆的婚姻,他像娱乐明星一样被轻佻地谈论,经过歪曲或刻意编造的伪事实也随处可见。甚至有人编造翁帆父亲娶了杨振宁孙女的谣言——这一谣言出现时,杨振宁的孙女才7岁。

人们似乎已经没有耐心了解传奇——他深邃的工作与普罗大众之间的遥远距离更加剧了这一点。

一位网友在指责杨振宁的留言后面连发了几个反问:"你听说过杨-米尔斯理论吗?你知道杨振宁在物理学上的建树吗?你知道杨振宁在物理学史上的地位吗?"

答案多半都是否定的。

与杨振宁关系密切的中科院院士葛墨林气愤不过，写了一篇辟谣和解释的文章，但被杨振宁压下了。杨振宁回复他，除了讨论物理，其他的事都不要管，我一辈子挨骂挨多了。"挨骂"是从他20世纪70年代走出书斋开始的。首先骂他的是台湾方面和美国亲国民党的华人。1949年以后，美国华人社会中一直"左""右"对立。有亲国民党的报纸称他是"统战学家"，劝他"卿本佳人，好好回到物理界，潜心治学吧"。苏联也骂他，一份苏联报纸指控他是"北京在美国的第五纵队"的一分子。

1971年，去国26年的杨振宁以美国公民身份第一次访问中国，周恩来总理设宴招待。此后他几乎每年回国访问，持续受到中国官方高规格礼遇。他敬佩毛泽东和邓小平，对新中国抱有很大的希望和敬意。回国定居后，强烈的民族自豪感和家国情怀时常从他的公开发言中流露出来。也许名声的确是误解的总和，围绕杨振宁的各种声音都对他缺乏真正的了解和理解。在《人民日报》的一次采访中，杨振宁回应说："我知道网上是有些人对我有种种奇怪的非议，我想这里头有很复杂的成分。我的态度是只好不去管它了。"

但舆论在某些时刻还是影响了杨振宁的现实生活。

从美国回到清华后，他给120多位本科生开了一门《普通物理》，一位听过这门课的清华学生回忆，杨振宁的课对于刚刚高中毕业的他们来说难懂，后来读博士时他才意识到，当年课上听的是"武林高手"的"秘诀"。这门课只开了一学期，除了杨振宁的身体原因，也和他与翁帆的订婚消息公布之后媒体的"干扰"不无关系。一位记者在报道中描述了"最后一课"的场景："在一群保安的簇拥下，一个身穿黑呢子大衣的老人从走廊的尽头走来，瘦弱的身材使他看上去显得有些高大,头发上还散落着几朵尚未融化的雪花。路面很滑,但老人的步伐却并不比年轻人慢,一转眼的工夫,就进入了教室。保安随即迅速把门牢牢地关上,由于门上的玻璃被报纸覆盖得严严实实,对于教室里发生的一切,站在外面的人什么都看不见。五分钟之后,教室里隐约传来讲课的声音。"

"后来再要上课就比较有困难了,"清华大学物理系主任朱邦芬有些遗憾,"原来我的希望是把整个大学物理能够讲完,但后来没有讲完。"

伟大的艺术家

简明深奥的方程式是物理学家与公众之间的一道天然屏障。也许只有诗人可以做个勉强的助手。杨振宁曾经引用了两首诗描述物理学家的工作。其中一首是威廉·布莱克的《天真的预言》：

To see a World in a Grain of Sand

And a Heaven in a Wild Flower.

Hold Infinity in the palm of your hand

And Eternity in an hour

（一粒沙里有一个世界

一朵花里有一个天堂

把无穷无尽握于手掌

永恒宁非是刹那时光）

另一首是英国诗人蒲柏为牛顿写下的墓志铭：

Nature and nature's law lay hid in night；

God said，let Newton be！And all was light.

（自然与自然规律为黑暗遮蔽；

上帝说，请牛顿来！一切遂臻光明）

"我想在基本科学里头的最深的美,最好的例子就是牛顿。100万年以前的人类就已经了解到了有这个一天太阳东边出来、西边下去的规律。可是没有懂的是什么呢,原来这些规律是有非常准确的数学结构……这种美使得人类对于自然有了一个新的认识,我认为这个是科学研究的人最倾倒的美。"杨振宁说。

弗里曼·戴森称杨振宁为"保守的革命者","在科学中摧毁一个旧的结构,比建立一个经得起考验的新结构要容易得多。革命领袖可以分为两类:像罗伯斯庇尔和列宁,他们摧毁的比创建的多;而像富兰克林和华盛顿,他们建立的比摧毁的多"。杨振宁属于后者。杨-米尔斯理论是这位"保守的革命者"建立的"经得起考验的新结构"中最辉煌的一个。

像许多重要的理论一样,杨-米尔斯理论得到验证并被主流接受经历了多年时间。刚发表时,物理史上的大物理学家泡利就因为论文中没有解决的规范场量子质量问题一点也不看好它。引导杨振宁的正是他所倾心的美。杨振宁在多年后的论文后记中回忆:"我们是否应该就规范场问题写一篇文章?在我们心里这从来就不是一个真正的问题。这个思想很美,当然应该发表。"

与很多科学家不同的一点是,杨振宁非常注重taste和风格,他喜欢用"美""妙""优雅"这一类词描述物理学家的工作。他说,一个做学问的人"要有大的成就,就要有相当清楚的taste。就像做文学一样,每个诗人都有自己的风格,各个科学家,也有自己的风格"。他这样解释科学研究怎么会有风格:"物理学的原理有它的结构。这个结构有它的美和妙的地方。而各个物理学工作者,对于这个结构的不同的美和妙的地方,有不同的感受。因为大家有不同的感受，所以每位工作者就会发展他自己独特的研究方向和研究方法。也就是说他会形成他自己的风格。"

关于taste，杨振宁曾经举过一个例子。在纽约州立大学石溪分校的时候，一位只有15岁的学生想进他的研究院，他和这位学生谈话时发现，他很聪明，问了他几个量子力学的问题都会回答，但是当问他"这些量子力学问题，哪一个你觉得是妙的？"他却讲不出来。杨振宁说："尽管他吸收了很多东西，可是他没有发展成一个taste……假如一个人在学了量子力学以后，他不觉得其中有的东西是重要的，有的东西是美妙的，有的东西是值得跟人辩论得面红耳赤而不放手的，那我觉得他对这个东西并没有真正学进去。"

或许在很大程度上受数学教授父亲的影响，杨振宁一直对数学有审美上的偏爱。朱邦芬院士对《人物》记者说："比如像我，我对数学，觉得是一种工具，我只要能用就行，我不一定非要去对数学的很多很细微的、很精妙的地方去弄得很清楚……只要好用就用，是一种实用主义者。杨先生他是不太赞成，他实际上是具有数学家的一种审美的观念。"

在杨振宁看来，爱因斯坦的时代是"黄金时代"，他赶上了"白银时代"，而现在是"青铜时代"——"青铜时代"的特点是理论物理在短期内很难看到有大的发展可能。杨振宁更喜欢"探究更基本的一些东西"，因此他不喜欢"青铜时代"，所以他多次说过，如果他是在这个时代开始他的研究工作，他可能就不会搞物理，而是去做一个数学家了。

很多物理学家都对杨振宁的风格印象深刻。物理学家张首晟一直将杨振宁视作偶像，他曾听过杨振宁在纽约州立大学石溪分校开的一门《理论物理问题》，杨振宁用了三堂课讲磁单极子——这是一种到目前为止尚未发现的粒子。"如果急功近利的话，大家总是要找一个有用的课题，这个东西不可能有任何用的……但是它的数学结构非常非常优美，最好地体现了理论物理和数学的统一，也充分体现了理论物理的美。所以这个就是在别的地方学不到的。"

在普林斯顿高等研究院教授戴森看来，杨振宁很乐于在某些时候做一个伟大的科学家，在另一些时候又做一个伟大的艺术家。他向《人物》记者回忆起杨振宁1952年的一篇论文："这篇文章是对一个不重要问题的漂亮（漂亮得让人叹为观止）的计算。这表明他在纯粹的数学中享受他的技艺，丝毫不关心物理结果重要与否。在这篇文章里，杨是以艺术家而非科学家的身份工作的。在他一生中，杨两种文章都写了很多。一种是在物理上重要的，他将重要的物理学问题与优雅的数学结合起来。另一种就像伊辛铁磁的文章，物理上并不重要，他享受于数学技艺之中。"

杨振宁的科学品位也在生活中体现。在他家中的客厅里，挂着一幅吴冠中的《双燕》。吴冠中是他喜欢的一位画家。吴冠中的画作主题多为白墙黑瓦的江南民居，"简单因素的错综组合，构成多样统一的形式美感"，他所钟爱的简洁的美也在这位画家的笔下。

在写作上，他也有同样的偏好，"能够十个字讲清楚的，他绝对不主张你用二十个字、三十个字。"杨振宁的博士论文导师、"美国氢弹之父"特勒讲过一个故事。特勒建议杨振宁将一个"干净利落"的证明写成博士论文。两天后杨振宁就交了，"1、2、3，就三页！"特勒说，"这篇论文好是很好，但是你能写得长一点吗？"很快，杨振宁又交上了一篇，七页，特勒有些生气，让他"把论证写得更清楚、更详细一些"。杨振宁和特勒争论一番后走了，又过了十天，交上了一篇十页的论文。这次，特勒"不再坚持，而他也由此获得他应该获得的哲学博士学位"。

正常的天才

这种简洁之美也延续在杨振宁的日常生活中。朱邦芬发现，一起吃饭，时间长了之后，点菜的时候根本不需要杨振宁点了，因为他爱吃的就那几样——辣子鸡丁、酸辣蛋汤，加个蔬菜，有时再来个红烧肉，少有变化。他的乐趣在物质享受之外。在一次演讲中，杨振宁说："一个人在日常生活里头一定有一些纷扰的地方。做科学研究的一个好处，就是你可以忘掉那些纷扰。"

乐趣的前提来自他一直清楚并顺从自己的taste。在他的学术生涯里，从不赶时髦做"热门研究课题"。"倒不是说它们都不重要，而是我自己有我自己的兴趣、品味、能力和历史背景，我愿意自发地找自己觉得有意思的方向，这比外来的方向和题目更容易发展。"杨振宁后来解释说。因此他从不赞成"苦读"，工作也是如此——"如果你做一件工作感到非常苦，那是不容易出成果的。"

"他的热情，你完全可以看得出来，并不是说他偶然碰到一个东西做出来。"物理学家朱经武向《人物》记者回忆，"我记得我第一次见他的时候，他就跟我讲他的一些理论，他讲，然后他站起来，越站起来讲话的声音、精神是越来越足，非常的兴奋，就跟我讲它的结果。是很有意思的，现在还在我的脑海里面。"

与杨振宁打过交道的物理学家都感受过这种激情。

物理学家伯恩斯坦曾经回忆过普林斯顿时期杨振宁与李政道二

人合作时的情景:"一个办公室靠近他们的人,几乎不可能不听到他们的声音。他们讨论任何物理问题,都是兴致昂扬,而且常是用极大的嗓门。"江才健在《杨振宁传》中写道:"杨振宁和李政道扯开嗓门,并且用手指在空中凌空计算,是许多认识他们的物理学家都看过的景象。"

多年后,这个习惯仍然保留了下来。翁帆在2007年出版的杨振宁文集《曙光集》后记中谈到了他的这个习惯:"有时半夜起床,继续准备文稿,往往一写就一两个小时。他总是说,一有好的想法,就睡不下来……不过,有时振宁的写作习惯很有意思:他静静坐着或者躺着,举一只手,在空中比画着。我问他:'你在做什么呢?'他说:'我把正在思考的东西写下来,这样就不会忘了。'他告诉我这个习惯已经跟随他几十年了。"

在杨振汉的记忆里,小时候的杨振宁也是充满了对世界的热情。尽管围墙外的世界时局动荡、内忧外患,但杨振宁在清华园里的生活宁静而丰富:与小伙伴一起制作简易的幻灯机,关了灯在墙上"放电影";礼拜天在家里做化学实验;晚上带弟弟们到自家屋顶平台上看北斗星;跑到荷花池溜冰;和一帮小伙伴到坡顶上骑车,"从一座没有栏杆只有两块木板搭成的小桥上呼啸而过"。读小学时,从家到学校的路上,蝴蝶和蚂蚁搬家都是"重要事件"。杨振汉记得有一次杨振宁带他一起去找仙人掌,找到之后,杨振宁用筷子"把那个花心一转,就发现转了以后,那花心自己会倒回来"。杨振宁用自己的猜测告诉弟弟,植物一定也有神经,但是跟人的不一样。

杨振宁喜欢与中学生谈话。他的好友库兰特夫妇说,在他们认识的科学家中,杨振宁和费曼是仅有的两个能与孩子平等交往、

"有孩子般天真个性"的人。

杨振宁一生在象牙塔中,年少时在清华园如此,西南联大时期,以及后来到美国的学术生涯依然如此,其中在普林斯顿高等研究院的17年更是象牙塔中的象牙塔。这让杨振宁一生保持着某种简单与纯真。葛墨林说:"在他的眼睛里,人的本性还是很善良。就是为什么要这样呢,他老觉得他不好理解。我老是劝他,我说杨先生,社会很复杂,您要注意防范了。"美国自由开放的环境也帮助他保持了这一点。杨振汉说:"他没有我们在新中国成立以后的社会,经过各种运动的这种经历,他不觉得这个社会有什么压力。"杨振宁自己也喜欢他身上的这一点:"我想我处人处事都比较简单,不复杂,就是没有很多心思,我喜欢这样的人,所以我就尽量做这样子的人。"

但另一方面,杨振宁又不像一个象牙塔里的人。

他兴趣广泛,20世纪70年代以后他愿意走出书斋,出任全美华人协会首任会长,做促进中美建交的工作就是一个例子。"我觉得你跟他待一会儿你就知道了,他这个人兴趣很广泛,听你话也非常注意,差不多随时随地都很喜欢动脑筋的。"杨振汉对《人物》记者说。

面对他关心的重要问题,他还总是忍不住发表意见:"动不动还是我要写篇文章,我要表明我的观点。"翁帆有时嫌他"过于直率","你何苦要写呢?过后又有些人要骂你了"。杨振宁回答:"我不怕。我讲的是真话!"

他性格开朗,从来不是"高处不胜寒"的感觉。做研究的时候,几何题目想不出来,先放一放,唱两句歌,兜一圈回来再来。好友黄昆(著名物理学家,中国固体和半导体物理学奠基人之一)

有个极贴切的评价,他说"杨振宁是一个最正常的天才"。

熟悉杨振宁的人对他的描述最多的几个特点是:会关心人、慷慨、没有架子。接受《人物》记者采访时,几乎每个人都可以说出一些让他们感动的细节。朱邦芬回忆,杨振宁的老友黄昆生前喜欢听歌剧,杨振宁知道他这个爱好后,特地买了台音响设备送给他。葛墨林至今记得杨振宁请他吃的一盘炒虾仁。1986年,他有次从兰州大学到北京饭店看杨振宁,吃饭时杨振宁特地点了一盘他自己不爱吃的炒虾仁。杨振宁说,这是给你吃的,你在兰州吃不着虾。《曙光集》编辑徐国强说,有时杨振宁还会向他做一些私人之间的"善意的提醒",比如跟某某打交道的时候别太实心眼。

年纪大了后,杨振宁重读《三国》《水浒》和小时候"觉得净讲了一些没有意思的事情"的《红楼梦》,现在都看出了新东西——"到了年纪大了以后就了解到,人际关系有比我小时候所了解的要多得多的东西。"

归乡

香港中文大学中国文化研究所前所长陈方正这样概括杨振宁的人生:"物理学的巨大成就仅仅是杨先生的一半,另外一半是他的中国情怀,两者互为表里,关系密不可分。"

在西南联大时他哼得最多的一首歌是父亲一生都喜欢的《中国男儿》:

中国男儿，中国男儿，要将只手撑天空。

睡狮千年，睡狮千年，一夫振臂万夫雄。

古今多少奇丈夫，碎首黄尘，燕然勒功，至今热血犹殷红。

……

经历过满目疮痍的落后中国，在中国的传统文化中浸润长大，杨振宁真诚地期待中国的崛起与民族的复兴。

葛墨林记得，南开大学理论物理研究中心开的很多次会，都是杨振宁从香港募款，然后直接把钱带回来。有一次他怕他们换不开，把钱都换成一捆捆的二十美元，装在包里。葛墨林说："有一次我特别感动，那时候我还在美国，他妹妹来找我，她说你看杨先生又开车自个儿去了，到纽约，到China town，就是华人城去演讲，我说干吗，她说捐钱去了，我说那有什么，她说他还发着烧，还发着高烧，自个儿开车，因为人家香港那些有钱人来了，赶紧开着车去跟人家谈怎么捐钱。当时我就很感动。"

杨建邺印象深刻的是他在1996年听杨振宁演讲时的一个细节。当主持人介绍杨振宁于1957年获得诺贝尔奖时，杨振宁立即举手加了一句："那时我持的是中国护照！"另一个细节也很能反映杨振宁的性格。香港中文大学很早就想授予杨振宁名誉博士学位，但杨振宁一直没有接受，因为在1997年之前，授予仪式上有一个英国传统，接受荣誉学位的人要到英国校监面前鞠躬，然后校监拿一根小棍子在接受者头上敲一下，而杨振宁不愿意对着英国人行这个礼。等"香港一回归，校监是中国人了，他立即接受了"。

2002年,杨振宁在旅居法国的发小熊秉明的葬礼上动情地念了一首熊秉明的诗:

在月光里俯仰怅望,

于是听见自己的声音伴着土地的召唤,

甘蔗田,棉花地,红色的大河,

外婆家的小桥石榴……

织成一支魔笛的小曲。

这是熊秉明的故乡,也是杨振宁心中"世界所有游子的故乡"。2003年,他终于离开居住了58年的美国,回到了这片有"甘蔗田,棉花地,红色的大河,外婆家的小桥石榴"的土地。

回国的第二年,82岁的杨振宁与当时在广东外语外贸大学念研究生的28岁的翁帆结婚。接下来的舆论让人想起阿根廷影片《杰出公民》中的故事——一位诺贝尔文学奖获得者重回故乡之后,遇到的并不全是温情和善意。

94岁的弗里曼·戴森不明白在中国"为什么人们要对一位新太太抱有敌意",他在美国从未听到关于此事的任何负面评论。作为朋友,他为杨振宁感到开心。"杨自己告诉我第二段婚姻让他感到年轻了二十岁,我向他致以最温暖的祝福。我也认识他的第一任太太杜致礼,而且我确信她如果知道他有一个年轻的新太太照顾他的晚年生活,也会感到高兴。"戴森在回复《人物》记者的邮件里这样写道。

杨振宁回国后一直住在清华园胜因院一幢绿树环抱的幽静的乳白色二层小楼里,杜致礼刚去世的时候,朱邦芬曾去过杨振宁家几次,"确确实实他一个人生活很孤单。就住在那个地方,我看他晚上就是一个人,有时候就看看录像,看看电视。他自己也说,他不找翁帆,也会找一个人过日子,他不是太喜欢一个人很孤单地这么走"。

外界很难理解杨振宁与翁帆之间到底是怎样的一种感情。杨振宁在一次采访中谈到他与翁帆的婚姻:"我们是不同时代的人,婚后,我们彼此学习到一些自己以前没经历过的事情。"他们平时会一起看看电影,念念诗,也会有一些彼此间的小游戏——在逛博物馆的时候,两个人看的时候都不讨论,等出来后各自说出自己最喜欢的画,有时在家里杨振宁还会出数学题考考翁帆。

葛墨林夫妇与杨振宁夫妇一同外出时,注意到很多温馨的小细节。四个人一起在新加坡逛植物园,"走十几分钟,翁帆就说杨先生,歇一歇,找块石头,拿个手绢擦好,让杨先生坐那儿歇一会儿"。"杨先生那人你不知道,他有时候自个儿不能控制自个儿,一高兴,他就走啊,走得又特别快"。冬天出门,杨振宁不爱戴围巾,"不行,给他把围巾弄好,都捂好,衣服都弄好,穿好再出去"。

杨振宁也有很多让翁帆"心里觉得是甜的"的细节。在十一年前的台湾地区《联合报》采访中,她随即举了两个:"有一回我们在日本,早上我病了,头晕、肚子疼,没法起床,振宁到楼下帮我拿一碗麦片粥上来,喂我吃。(杨振宁在一旁插话:'多半时候,都是她照顾我。')"还有一次在三亚的酒店,"他通常比我早起看报纸、看书。那天他不想开灯吵醒我,就到洗手间去看。我醒来后跟他说,你可以开灯的。"

翁帆的出现让杨振宁和当下的世界有了更真切的联系。他曾在《联合报》采访中谈到翁帆带给他的改变："一个人到了八十多岁，不可能不想到他的生命是有限的，跟一个年纪很轻的人结婚，很深刻的感受是，这个婚姻把自己的生命在某种方式上做了延长。假如我没跟翁帆结婚，我会觉得三四十年后的事跟我没关系；现在我知道，三十年后的事，通过翁帆的生命，与我有非常密切的关系。下意识地，这个想法对我有很重要的影响。"

2015年接受《人物》采访时，杨振宁说了这样一句让人动容的话："我曾说，我青少年时代，'成长于此似无止境的长夜中。'老年时代，'幸运地，中华民族终于走完了这个长夜，看见了曙光。'今天，我希望翁帆能替我看到天大亮。"

生命的奥秘

90岁之前，杨振宁感觉自己的身体一直变化不大。但90岁之后，生命的奥秘还是不可避免地一个个主动向他揭示了。

他向《人物》记者讲述了其中的一个重要发现："年纪大了以后才懂，年轻的人都不懂为什么老年人老要穿很多的衣服。我现在懂了。为什么呢？因为衣服只要穿得不够，受一点凉，五分钟、十分钟没关系，要是半个钟头以后，常常就是之后一两天身体什么地方老是疼，所以现在我很怕这件事情，我现在也多穿一点衣服。"因为身体的关系，他已经六年没有去过美国了，"因为美国太远"，甚至也不敢离协和医院太长时间——"一有病，就赶快叫他司机把他送到协和。"杨振汉说。

杨振汉曾听大哥向他感慨：老了以后这问题多了。有一次，"早上起来腰不能动了。他觉得就是风吹的，没穿厚衣服出了毛病了。出了毛病以后，就老是吃完早饭，反正躺着不动，不动了以后，肠子蠕动有问题了……"

"不在了"成为他在回忆往事的时候频繁出现的词。在清华园一起玩耍的小伙伴"前几年还有，现在都不在了"。2002年7月，他在伦敦看画展时见到一句话，毕加索写信给老年马蒂斯说："我们要赶快，相谈的时间已经不多了。"他急忙将毕加索的话抄下寄给老友熊秉明，但还没等收到回信，熊秉明就在几个月后去世了。在他80岁生日宴会上，几位聚首的西南联大老同学——梅祖彦、宗璞、马启伟、熊秉明，到了第二年，熊秉明、梅祖彦、马启伟、宗璞的丈夫，以及他自己的夫人杜致礼都相继"不在了"。

他也有过两次有惊无险的大病经历。第一次在1997年，一天他在石溪家中突然感到胸闷，检查结果是心脏大血管有七处堵塞，三天后，做了四根心脏血管的搭桥手术。手术前，他写了遗嘱。醒来后，他朝恢复室外的家人画了一个长长的微积分符号，表示自己很清醒，还可以做微积分。第二次在2010年，从英国回来后突然严重呕吐、高烧，有几小时处于半昏迷状态，说一些别人听不懂的"胡话"。葛墨林后来听杨振宁平静地回忆当时的感受："就感觉到好像这个魂儿已经飞出去了，就是说那个魂儿还跟他说话——我说这是杨振宁吗？"

除了身体，自然也无时不在向他展示自身的深邃和伟大。这位研究了一辈子宇宙奥秘的伟大科学家在自然面前越来越感到惊奇和敬畏。他感叹："自然界非常稀奇的事情非常之多。"在电视上看到鸟栽到水里抓鱼，速度和准确性让他惊叹自然结构的"妙不可言"。母牛与小牛之间的bonding（联结）也让他感到"非常神秘"——刚出生的小牛几秒钟之后就知道站起来，失败了之后知道反复尝试，知道去吃母牛的奶……

"现在渐渐地越来越深的这个新的想法是什么呢，就是觉得自然界是非常非常妙，而且是非常非常深奥的，就越来越觉得人类是非常渺小，越来越觉得人类弄来弄去是有了很多的进步——对于自然的了解，尤其是科学家，当然是与日俱增的——可是这些与日俱增的内容，比起整个自然界，整个这个结构，那还是微不足道的。我想从整个宇宙结构讲起来，人类的生命不是什么重要的事情，一个个人的生命那更是没有什么重要的"。这是杨振宁最新的发现——也是他一生所有发现的升华。

蔡国强

当国家庆典成为艺术

"我们的经济已经足够让我们实现各种宏大的想法,
我们应该更轻松、自信,更有亲和感,
用能和别人分享的方法和语言来表现,
这样能够让人更容易听得到,听得进去。"

矛盾的摇摆

毫无疑问，蔡国强先生是这个国家最受瞩目的当代艺术家。接受《人物》记者采访七天之后的2014年11月10日，他第二次成为APEC（亚太经合组织）峰会焰火晚会总导演——上一次是在2001年的上海APEC。七分半钟的焰火表演以鸟巢为中心，向南北两侧的夜空延伸，在2600米长、200米高的天空画卷中表现有关《自然颂》的主题，取意四季花草灵动自由，生长更迭。

在2001年上海APEC之前，没有任何当代艺术家走进国家的视野。艺术家马文曾在蔡国强工作室当主任，她回忆，当时政府常把国画送给外国友人，但作为当代艺术家，除了整天"跟国外做一些挺烦的事情"，"能为国家做什么呢？这是一个怀疑"。而蔡国强在2001年初次与国家项目的合作中赢得了官方信赖。他证明了艺术家的国际语言能够有效地帮助政府向外传递声音。

除去两次APEC，蔡国强还曾担任北京奥运会的视觉艺术特效总设计，以及中国国庆60周年焰火表演总设计。某种程度上，蔡国强也影响了同行在官方的地位。2002年，蔡国强个展成为上海美术馆首次当代艺术家展览后，次年该馆又举办了曾梵志1991—2003年绘画作品展。

但这种影响并不是单向的。2001年上海APEC之前，蔡国强的作品材料是火药，而马文的工作也包括不断地向策划人、主办方、媒体重复："作品材料是'火药'（gunpowder），不是'焰火'（fireworks）。因为艺术家对以火药为材料有本质兴趣，焰火只是火药做成的产品之一。"

2001年APEC成为蔡国强创作上的分水岭。那一次是中国当时主持过的规模最大也最隆重的国际高峰会议，从那时起的中国正试图在举办盛事上展现出与崛起中的经济相媲美的软实力。主办单位要求蔡国强设计焰火，那是他的第一个焰火晚会。在马文看来，"作品所提的问题从个人表现演变到集体表现"。

十三年之后，蔡国强再次参加APEC，但结果是"出乎我想象的不容易"。在马文看来，不容易的原因是当时上海APEC的焰火晚会只是由东方电视台主办，"但像我们这次APEC就是外交部、北京市主办"。艺术家们要面临更繁乱的权力关系，在表达系统上去做更多平衡以及接受更多审查。

"更复杂，更处在混沌的不明状态里面。所以我感到这也是你们今年选我做年度人物的有意思的地方。"蔡国强说，"其实我就处在这种矛盾里面，我的工作以及我都成为这一个象征，这两年，我们中国的一个矛盾的摇摆。"

空前绝后

为国家盛事做艺术的机会起于1999年，长期生活在纽约的蔡国强在威尼斯双年展上获"金狮奖",是第一位亦是迄今唯一一位获得此奖项的中国艺术家,也是中国艺术在国际上获得的最高奖项。上海美术馆很想请他回国参加上海双年展。

蔡国强回国考察,发现美术馆里可以施展的空间很小,而且民众都不大进去看展览。那一次,蔡国强便展示出了他的风趣、推广才能,以及让更多人看到自己作品的欲望。为吸引民众,他在美术馆外做了一个像"大字报栏"的个人回顾展,除了他的作品,第一张照片就是他和他的太太、女儿。当时他只有一个女儿,所以他就写了"出国不忘计划生育",并将这张照片放在所有作品的前面。"所以观众一经过的时候都会看到,然后就一直往下看,人家就感到这个挺逗的。"蔡国强回忆。就这样,人们把他的个展给看了下来。

在当时,当代艺术家是不被承认的,中国的官方美术馆还没有给当代艺术家做过个展。那一次,上海美术馆注意到了马路上围观"大字报栏"的观众,他们觉得应该为蔡国强做个个人展。

与美术馆讨论的过程中,蔡国强表示自己还希望在黄浦江上做一个5米宽、500米高的天梯,用气球或者汽艇将其从江上一直延伸到天空。但这不仅需要财力,还需要获得各个政府部门的批准。美术馆当然不具备这种能力,于是便将当时的上海东方电视台介绍给了他。

东方台那时正在准备APEC开幕仪式。"没想到送货上门来了一个这种人,说想做一个梯子,"蔡国强笑着回忆,"他们说好啊,这个好啊,然后说你们能不能帮我们把整个APEC都设计一下。"

"上海想通过(APEC)这种国际重大活动,使自己在这个国家里更好地找到它的位置。"蔡国强说,上海需要和一个懂得国际语言的艺术家合作。

蔡国强提出了很多方案,比如把外滩的大楼比作钢琴琴键,用焰火来演奏它们,或者把一排排大炮架在一艘艘帆船上开进黄浦江,打出来的都是焰火,他回忆:"他们都说好好好,这个太好了!"在蔡国强的印象中,中央对那次APEC提出的要求是"空前绝后",上海又补充了两条,"万无一失,不惜代价"。

在蔡国强看来,"中国现在做事情是说不做就不做,要做就做那种做了以后别人都不好做的"。

国家作品

上海APEC整个焰火晚会最终只有二十分钟,参加的焰火师则有三百多人,包括美国方面的七十多人。策划动用了上百个部门和单位，牵扯到了消防、公安、航空和交通安全等，市领导亲自担任晚会召集人，据蔡国强回忆，领导告诉他："蔡先生，平时我们都会用减法，就是把所有的事情都减一减，这次我们使用加法，所谓加就是让你更厉害一些。"

整个外滩因为焰火盛会被封锁起来。二十三栋外滩大楼楼顶装满火药，无论走到哪个大楼外边都有人欢迎蔡国强团队进去检查，"就是欢迎你用他的大楼爆炸，如果在外国根本不可能。"蔡国强回忆。

政府做事风格与艺术家对自身的期待促使蔡国强不断增加内容。"本来我做了电脑模拟图的那些大楼只炸到外滩源，结果领导提出可以炸过苏州河更好。"蔡国强还曾在与评论家方振宁的访谈中提到，"有些人还说要用十英寸的焰火弹，我一直说不行，如果用了，一炸外滩建筑的皮都要被震下来了。"蔡国强说，"艺术效果主要不在于爆炸的威力，而是爆炸的节奏和速度，如果要比威力，那么原子弹最厉害。"

在一些相互促进之外，艺术家必须遵从政府的某些原则，包括焰火的配乐必须由官方决定。最初蔡国强曾请在国外的作曲家来写这个音乐，"后来才知道这些并不是那么简单"。

此外，从政人员的担心也会与包括反恐在内的世界形势相关。蔡国强在上海APEC焰火晚会上最希望做的是自己的"天梯"项目，灵感来自于他在20世纪90年代初即开始探讨人类与宇宙关系的项目《外星人计划》。从地面向空中升起一座爆炸的梯子，在这里也与改革开放后黄浦江对面大片横空出世的摩天大厦做出呼应。但在准备过程中美国发生了"9·11"事件，来自白宫的安全部门不希望空中出现发动机这类容易被反恐导弹攻击的物体，蔡国强说，

"'9·11'以后反恐变得很重要,小布什也来。"政府要求外滩上空达到净空环境。

这让蔡国强非常焦躁。"也反复思考,参加这个事情还有意义吗?"但他随后安慰了自己,"至少通过漂亮的焰火,把人民的钱用得更好些吧!""艺术家想让它更多地成为个人作品,这不现实,它其实是一个国家作品。"

在马文的印象中,蔡国强对于突如其来的困境表现出了出奇的镇定。他曾半夜被临时叫起去和领导们开会。马文在外面一边等待一边打坐,"因为觉得已经快被摧毁了"。"所以我当时挺佩服老蔡,他真是很镇定,而且明白自己要做什么,不去慌张,然后去坚持自己的原则,去跟政府人员说为什么要这样,尽量说服他们。"马文回忆,蔡国强希望大家相信科学,还拿出了各种各样的数据。

但"天梯"最终没能在APEC上出现。那次焰火以上海万国建筑群、黄浦江江面和空中为主题表演区域,蔡国强说:"当东方明珠的烟花似蘑菇云般喷射,整个城市仿佛被爆炸得疯起来了,晚会离开了控制,此时艺术性才感动了我。"

这次活动让蔡国强获得了远超艺术家的巨大声誉,并且一直持续到北京奥运会前夕。2007年11月25日,在香港佳士得举行的"亚洲当代艺术"拍卖会上,《APEC景观焰火表演十四幅草图》也以7424.75万港元成交(包括佣金),一举创下当时三项世界拍卖纪录,超出原有最高估价接近两倍。

此后蔡国强正式成为国家视野中的当代艺术家。2007年,马文离开蔡国强工作室成为独立艺术家,此前的2005年,蔡国强邀请她和舞蹈家沈伟等七位纽约艺术家组队参与奥运会开幕式的方案竞标,在六百多套提案中,他们的竞争对手有张艺谋、陈凯歌、李安甚至崔健。

20世纪80年代蔡国强在上海戏剧学院读书时，专业是舞台设计，他平时就爱看奥运会开闭幕式，迷恋感受到创意魅力的时刻。每每看时他也会想："这个你来做你要怎么做？"当谈起为什么一定想要回来参加北京奥运时，蔡国强说自己不愿意当一个"在国外议论中国这个不行，那个不行，没创意，太可惜了的人"，"所以我就主动参加了这个竞标，送货上门"。

最终他的小组首先被北京奥运会选中担任创意工作，他本人任视觉艺术特效总设计。这种成功在于他"正确"认识了自己之于这种国家盛事的位置。在开幕式中担任核心创意小组成员、视觉特效主任设计的马文说："我们跟国内的其他竞标方都不一样，他们每一家都是要去争总导演的职位，我们明确说，我们不当总导演，无论是谁当总导演，我们来帮这个开幕式更艺术、更国际、更当代。"

蔡国强的作品于2008年8月8日晚诞生。它由29个"大脚印"组成，每个长达150米，于第29届奥运会开幕式当晚，绽放在从北京永定门经天安门再至故宫最后至鸟巢这一长达十五公里的中轴线上，全名为"历史的足迹：大脚印"。

做火药还是做焰火

蔡国强的朋友、评论家方振宁曾在一篇文章中写道："蔡国强的成功在很大程度上，是由于作为艺术的战略。蔡国强很少谈到艺术的技术问题，对他来说，战略一直高于技术。"

2014年4月，蔡国强正式接受北京市邀请，负责北京APEC的焰火。这是蔡国强第四次参与这种国家盛事，奥运会后第二年他还担任过中国国庆60周年焰火表演总导演。当总结起自己做过的那些大国盛典时，蔡国强说："中国的东西太正经了，尤其我也做过奥运，那种盛典都是太整齐、太整洁了。"

所以当北京市正式邀请他负责北京APEC焰火时，他抱有与此前不同的期待，"APEC其实是一个会议，不是一个那么重大的盛典，应该轻松一点""更表现个人的声音和艺术风格，而中国人的情感和故事不一定要几千几千个人的表演"。蔡国强认为北京奥运会主要是中国要向世界展示自己优秀的传统文化艺术和当代精神风貌，但APEC可以更开放、更自信、更轻松幽默。因此蔡国强做了一个焰火和动画互动的创意，叫《摇篮曲》。LED大屏幕使鸟巢变成摇篮，摇篮里的孩子梦见太平洋上有一艘帆船，上面有二十一个孩子，共同游戏、合作、战胜风浪，故事里，动画和焰火相咬合，成为一体。比如动画中的孩子按下琴键，即有焰火音符从视频里飞出来。最后人们会开心一笑，这些孩子就是出席本次APEC的领导人们。

结果前半部分的《摇篮曲》创意搁浅，只实现了高潮焰火段落《自然颂》。蔡国强把焰火核心内容分为"春生、夏长、秋收、冬藏"四个部分。但前期负责本次APEC欢迎艺术晚宴创意同时也是灯光创意总监的马文回忆，"有人提出冬藏不好""可能怕觉得好像中国现在经济是有慢一些了""连报都不敢往上报"。最终，这个主题在中文里就被简化为四个字"春夏秋冬"（英文仍保留原意）。

蔡国强认为问题仍旧在于民族的自信，"我们的经济已经足够让我们实现各种宏大的想法，我们应该更轻松、自信，更有亲和感，用能和别人分享的方法和语言来表现，这样能够让人更容易听得到，听得进去"。

"以前我们很穷，出去人家不是很尊重我们，就想，是我们穷啊。但现在我们没那么穷了，国外很多游客都是中国人，包括我们政府，都是大买主……但是富强好像并没有赢来尊重。我们应该思考，当然这些思考不一定能直接呈现，但它会帮助我们在APEC仪式上有一个新的态度。"他说。

但政治与艺术应该如何互动？在马文看来，艺术家与政治有三种关系，一种是政治看不到艺术家，就当作他们不存在；另一种是政治接受艺术存在并运用艺术；第三种则是，政治让艺术的多彩来展现社会的繁荣，而不干涉其内容。至今蔡国强在百度百科的介绍里职业仍然是"表演艺术导演"。

蔡国强并非对个中微妙毫无感觉，"对于为何为政府做庆典，我不能推说是'人家对我的选择'，因为我是可以选择不参与的"。他说，自己屡次融入盛事之中，是因为"回来最有魅力的就是直面这个国家核心的一些问题，把这些当作自己的问题来思考"。

他表现出了一个全球化时代中艺术家的复杂心理。虽然住在纽约，"APEC结束，我马上会去欧洲、美洲等世界各个地方做自己的艺术展览了，但我还是会像候鸟般回到这里（中国），因为我还是在意这个土地的变化"。

2011年，《芭莎艺术》要为蔡国强做一个封面，蔡国强邀马文写一篇文章。当马文表示她会在文章中希望蔡国强不要继续做焰火时，蔡国强欣然接受她应该表达自己的立场。马文后来写道："近些年蔡国强作品中的焰火素材越来越多，立项盛典艺术为研究题目……但决定艺术的一个重要因素是其意图，主旨性强的大项目给予艺术创意的空间狭隘。我在想，当作品不再对生命的本质提问时，那它的美丽的价值在于什么呢？这是否就是艺术和娱乐的区别？"

对此，蔡国强笑笑说："任何国家的重大项目都不会让艺术家做像我的'一夜情''挽歌'那样的个人作品，因此我不断推掉世界上众多国家的盛典节庆邀请，但却总是回到中国参与。这次把故乡泉州东西双塔移情APEC晚会，在结束瞬间放射出来时，我很感动。是的，我对这片土地有情有责。能够用自己微不足道的努力，帮助这个社会更开放和多元化，本身也算有些许政治意图吧。"

马文后来经常想起蔡国强的一个创意。2000年巴以冲突，蔡国强想在耶路撒冷的七座山上做作品：某天傍晚同一个时刻，七个山头同时发出爆炸声，随后人们看到七个火球慢慢升空，成为七朵巨大而美丽的烟花。

耶路撒冷是一座美丽但战乱频仍的城市。在蔡国强看来，当人们听到爆炸声会十分恐慌，但他们回过头看到远方出现的却是美丽的烟花时，心里会产生极其复杂又生动的感触，这个晚上，爆炸产生的不是毁灭而是美丽。在马文看来，比起需要付出更多妥协的焰火作品，这些使用炸药包的作品以一种更本质更批判的方式直击人类的内核体验。

这个计划蔡国强至今还未实现。

林毅夫

在其位
谋其职

"我并不追求外面人对我的评价,
因为我最关心的还是中国的社会、中国的经济和现代化,
凡是能够推动这方面的事,我应该是义不容辞的。
因为国家兴亡,匹夫有责。"

情商

  林毅夫先生的电子邮件时常在深夜1点左右到达。这位62岁的经济学家带着标志性的微笑应对几乎满负荷的日程表，在座谈会、论坛、研讨会等事务性工作的间隙，他利用中午吃盒饭的时间和学生开讨论会，在深夜写文章、回复学生和媒体发来的邮件。2008年赴世界银行任副行长一职时，他拖着两个行李箱在北大给毕业生致辞后直接去往机场。四年任期结束从华盛顿回国，他终于有了一次难得的"大放松"，他的一位学生回忆，林毅夫也只是和妻子去看了场电影。

  林毅夫的办公室位于北大未名湖畔的朗润园，墙壁上悬挂着与国家领导人习近平、李克强会面的照片，记颂一位名叫曹全的东汉官员功德的隶书长卷，以及卢旺达政府赠送的工艺礼品、埃塞俄比亚总理的奖牌和塞内加尔总统授勋的证书。林毅夫曾多次去非洲介绍"中国奇迹"——一个贫穷落后的发展中国家持续35年维持平均9.8%的经济增长，他向这些非洲国家传授招商引资、兴办经济特区的经验，为中国的劳动密集型企业在当地建工厂牵线搭桥。

  20年前林毅夫在书中预言，2015年中国将取代美国成为世界第一大经济体。那时的中国刚刚告别计划经济体制，很多人都觉得这是天方夜谭。但根据国际货币基金组织和世界银行公布的研究，按照购买力平价（PPP）的计算方式，这个预言已在2014年成为现实。但国内一些学者对此并没有表示出太多兴趣，因为保持着"人类经济史上不曾有过"的持续增长速度时，腐败与贫富差距日益成为这个国家必须正视的疾病。

林毅夫的研究不止于谈问题。在他看来，发展中国家应该发挥自身的优势，通过对发达国家的技术模仿实现经济快速发展，而挖掘这种发展潜力的第一个条件"必须是政治稳定，社会稳定"。

或许因为对于中国现实的这种判断，林毅夫及其观点受到历届领导人的重视。他多次参加中南海专家座谈会，作为国务院参事，林毅夫领导的国家发展研究院团队每季度向国务院递交一份针对中国宏观经济的分析报告。报告中，他并不多讲自己的理论观点，而是根据实际情况，谈如何解决当下急迫的保增长、金融安全等问题。去年夏天，他作为优秀专家代表，接受党中央、国务院的邀请到"夏都"北戴河休假疗养。

他并不多谈自己对于决策者具体的影响，而是形容自己的工作就像"敲敲边鼓"。外界猜测他熟知这种场合的说话之道，林毅夫听了脸上露出那种礼节性的微笑，"就像我跟你讲，我不是讲得很直接吗？"他对坐在面前的《人物》记者说，"我不曾提出任何观点、建议去讨好任何人，也不曾有任何观点、建议和我自己一贯秉持的理论体系相矛盾。我研究的是现实问题的成因和改进办法。"

与林毅夫相识多年的经济学教授姚树洁曾在一篇文章里写道，林毅夫学会了中国的中庸，"在中国，没有地位，学问做得再好，人们还是会看轻你。再好的观点和主意，人们，一定不会重视。因此，在中国真正有作为和影响力的经济学家，情商一定要高"。

但这种情商也让这位学者受到质疑。因为一直以来对"有为政府"的强调以及对中国经济增长潜力的判断，林毅夫成为许多人眼里的"官方经济学家"。这位北大教授同时还是国务院参事，全国工商联副主席，当一个知识分子拥有政府给予的头衔时，他是否还能保持独立性？批评者认为林毅夫犯了"屁股决定脑袋"的毛病——近年来，林毅夫在不同场合宣扬中国经济仍有20年8%的GDP增长潜力，一篇财经评论文章中写道，在并不乐观的经济形势下提这种不切实际的口号，是因为林毅夫充当了代言人角色。

2014年7月，在纪念经济学家杨小凯去世十周年的座谈会上，林毅夫和张维迎产生的争论成为热门事件。"没有一个企业家会傻到北方种水稻，南方种小麦，对吧？这个比较优势企业家最清楚的。"当时，张维迎以此喻彼。

"这是没错，但种水稻要灌溉啊，农民自己能灌溉吗？"林毅夫举起麦克风打断他。

坐在台下的学者笑起来，张维迎皱了下眉头摆摆手："不是这样，最伟大的思想家，孔子，不是被资助的。"

林毅夫没再说什么。座谈会结束后，面对几乎一边倒的舆论，他在一篇回应文章中特意指出对手的新论据与整个讨论并非在同一层面，并提到了学者思想独立性的问题，"中国传统文化的儒释道三家中，老子是周朝的史官，释迦牟尼是名王子，他说孔子不是被资助的，也并不说明任何问题"。

理念与现实

那场纪念会的主角、经济学家杨小凯在世时也曾与林毅夫有过一次关于中国前途的争论。在杨小凯看来,发展中国家通过技术模仿实现经济发展,会缺乏动力进行有利于长久发展的制度变革,长此以往将付出极大代价。而1979年台湾地区青年林毅夫从金门横渡两千米海峡游到大陆时,他面对的是一片百废待兴的土地。

林毅夫出生于台湾地区宜兰一个贫寒的家庭,年少时受父亲影响,崇拜修建都江堰的李冰,渴望"将振兴中华之责任,置之于自身之肩上"。在台大读书时,他作为学生领袖参加校园民主运动,投笔从戎后又成为被蒋经国称为青年榜样的明星军官,担任上尉连长。前途虽光明,但"日日看到大陆的山水,不游过来,我内心就不能平静"。

1979年,林毅夫来到刚刚改革开放的大陆,本希望进入中国人民大学学习政治经济学,却因"背景复杂"被拒绝。北京大学经济系副主任董文俊与他进行了一次深入的谈话,"他说话很有分寸、认真严谨,是个想搞事业的人,不像有什么特殊目的",林才得以进入北大经济系读书。偶然的机会林给到访中国的诺贝尔经济学奖得主舒尔茨当翻译,获得对方赏识,又受邀赴芝加哥大学读书。1987年回国后,这个曾经的敏感学生进入著名的"9号院"——国务院农村发展改革研究中心工作,这个带有智库色彩的政府机构由杜润生创办,王岐山曾担任过农村发展研究所所长。

回国时，林毅夫带了30箱西方经济学术资料，但这位改革开放后第一位"海归"经济学博士很快意识到，西方教材上的理论并不能解决中国实际问题。1988年，新中国成立以后第一次出现两位数的通货膨胀，林毅夫参加讨论会，一直在听各种意见："我们直接用了停项目、砍投资的行政手段，而不是按照西方教科书里写的那样提高利率、增加投资成本。一开始我也不理解，但后来想通了，面对的现实条件不一样，最优选择也就不一样。如果我们照搬从美国学的方法，大量资不抵债的国有企业破产怎么办？国防安全又怎么办？"

与此同时，林毅夫开始在北京大学兼任教职，当时还在北大读书的姚洋曾去林家借出国报名费，在林毅夫的家里，姚洋第一次正儿八经地踩在地毯上。"80年代，北大已经开始教授西方经济学，但还是纸上谈兵，谈不上应用。林老师回来之后，给我们打开了一扇门，让我们看到，书本上的知识可以用来解释和指导实践。"如今已经是北京大学国家发展研究院院长的姚洋说，"林老师本人的观点受到国家领导人的重视，和他对中国现实的清醒认识有很大关系。林老师的政策建议不是从固有的理念出发，而是从现实出发。"

林毅夫并不认为在西方的经济学经典中有写给中国的现成答案，在他看来这也许正是他与张维迎、杨小凯，"以及很大程度上和国内经济学界多数经济学家的差异"。在他所写的一篇名为《中国学术界不能只引进》的文章中，他引用了杰弗里·萨克斯在一次访谈中的话："每一代人都有自己的任务，都有自己的困难和挑战，都要学会解决自己的问题。"——这位美国经济学教授在36岁时就成为东欧"休克疗法"的设计师，林在文章中特意指出，萨克斯放弃了"华盛顿共识"和"休克疗法"，近年来萨克斯开始向非洲推荐中国的发展经验，因为"非洲目前需要的是公路、诊所、学校,而不是经济改革"。

林毅夫的一位学生提醒记者,公众总批评林是"多数派",实际上他的研究最初也是"少数"。1990年他发表于国际顶级经济学杂志《政治经济学期刊》上的论文用经济学解释了1959—1961年大饥荒的成因,这在当时还是一个相对敏感的研究领域,很少有经济学家涉及。这篇论文在《美国经济评论》发表后,成为引用率最多的论文之一。

孤独?

林毅夫给北大本科生上的公选课叫中国经济专题,最大的教室都装不下热情的学生和旁听者,曾有一个学期,第一堂课挤进将近一千人,几个助教手拉手站在教室门口,以防发生事故。第二次上课分成两个教室,林毅夫在其中一间教室里上课,另外一间教室电视同步直播。

林毅夫乐意和外界分享他的观点。与《人物》记者通过面访和邮件的多次交流中,只要时间允许,他不会回避记者提出的任何问题。但同时,他又对采访抱着一种谨慎的态度,他说:"我现在很怕接受采访,大部分在外面传的我的观点都是断章取义甚至断句取义的观点。很多东西我都已经讲了几十次,比如我讲(中国经济增长有)8%的潜力,你上网上查,99%的人说我说中国有8%的增长,潜力和增长差别很大啊,我在各种场合一再纠正,但就是扭转不过来。"

校园之外，学术争论往往容易引申为"左右"立场之争。林毅夫的身上贴着标签，一篇题为《危险的林毅夫》的文章称"如果出于乐观判断，仍去追求8%左右的增速，很可能加剧已经迫近临界点的经济与社会风险，林的这位同行表示出担忧。

即使林毅夫对于中国经济的预言已经实现，但学界对于他的观点的质疑从来没有停止。2014年，一家出版社召开纪念《中国的奇迹》出版二十周年学术座谈会，张曙光、华生等十二位学者尖锐地提出不同意见。华生在发言时说："因为过去是这么一条路，今后继续走这条路就可以了？"复旦大学教授韦森认为，中国的奇迹首先要归因于1978年以来的市场化改革，尽管不同意林毅夫的观点，但他对《人物》记者说："不管别人如何批评毅夫，他讲了一些观点我是真信，我相信这个观点我就坚持。"

在林毅夫看来，发展中国家建立"有效市场"的同时，需要消除经济发展、结构变迁过程中必然存在的各种瓶颈限制。他用数学模型和二战以来发展中国家的经验数据对这个假说做了检验。林的这些文章得到了来自国际重要学术刊物的认可，按1990—2000年国际经济学期刊上发表的论文数量和质量排名，林毅夫在世界范围内的引用率排名第205位，在华人经济学家中排名第一。作为第61位马歇尔讲座的主讲者，他在讲座中再次强调了后发优势、有效市场和有为政府的观点，在他之前的60位主讲者中已经有15位获得了诺贝尔经济学奖。"我不知道那些奚落他的人底气在哪里？"网络上一篇评论文章里写道。

"林老师对中国经验的总结非常有意义，既对发展经济学本身做出了贡献，也增强了我国的国际软实力。我常讲，经济学家能够把历史总结好就不错了。"姚洋说。

但在北大国家发展研究院内部，林毅夫的一些观点也并不能算主流。世行归来后，林毅夫更加强调对政府作用的认识，这在学院内部引起争议。面对不同意见，林毅夫逐一回应，表现得温和理性。2014年，张维迎受邀回国发院工作，按照惯例，他要先作一场学术报告，由国发院的老师投票决定。张维迎讲的是如何思考权力，林毅夫在现场提了很多不同意见，但会后他投的是赞成票。

与林毅夫结识近30年，姚洋没见他发过脾气，甚至不曾提高嗓门说话。姚洋也曾和老师林毅夫因为学术问题产生争论，第二天再见面刚好是中秋节，林毅夫拿起桌上的一块月饼，掰成两半，自己吃一半，递给姚洋一半，说："都是年轻人嘛！"就算过去了。

2月4日凌晨1点，林毅夫给《人物》记者发来一封邮件，经他第二次修改的访谈文章结尾，这位总被荣誉、争议、官员、学生簇拥着的经济学家特意补充了一段内容。杨小凯去世十周年纪念会后，林毅夫在网上看到了一篇名为《林毅夫缘何孤独》的文章，称其或许是目前中国经济学家中最孤独的一个，林毅夫和张维迎的争论，是当年林杨之争的延续，一个是现实主义，一个是理想主义，难说谁对谁错，谁好谁坏。"用西方经济学研究中国经济改革是没有答案的，这也是为什么90%的中国经济学家就会说'NO'，也只能说'NO'，最终只会说'NO'，并且以'NO'标榜独立的原因所在。说'NO'容易，说'YES'不容易"。

深夜在邮件中引用评论里的这段话后，林毅夫再次用他的乐观结束整个采访："我相信到头来我不会是孤独的。"

周有光

最美好的东西,
最美好的事情

"我觉得人生最有意义的就是学习知识。
追求知识,享受知识,创造知识,就是人生的愉快。"

我只比你大100岁哩

当人生进入第108个年头,照顾了周有光先生16年的保姆说,这些年他"变得越来越慢"。的确,当他转身从窗台或书架上拿一本书,或者伸手从书桌拿起一件物什,或者因为听不清将手举起来放到耳朵后边时,一切都有点像是电影里的慢镜头。

岁月从这位著名语言文字学家身上获取了越来越多的战利品:尽管他最早的记忆还能追溯到5岁前后祖母教他念唐诗,但记忆力会突然"像电流一样断掉"。他早年能流畅使用的法文和日文,现在读不了了。有些字他想不起怎么写,有些说法也已记不清,甚至人生中一些事情他全然忘了,直到看到有些关联物或有人提起,才恍然记起。

他已经无法独自走路了。即使是在他不到120平方米大的家里,从小书房到卫生间,到餐厅,到起居室看电视,短短的距离,他也需要保姆的帮助。他将两手扶住保姆的两只胳臂,保姆往后退,而他则迈着细碎的步子往前挪。

他终日待在朝北的小书房里,坐在一扇小窗户下,有访客来,他一一接待,讲到激动和酣畅处,他忍不住要用指关节敲击桌子,或者哈哈大笑得像个孩子。没有访客来,他就埋头在一个失去了声音的世界里。

好几年里他都不再回卧室的床上睡觉,无论午睡还是过夜,都在一张沙发上屈腿度过。"床太高了,懒得动了。"他说。

但有些东西却是岁月没能夺走的。他还剩几颗牙,像战斗到最后的士兵,他始终依靠它们进食,而不是假牙。而更顽强的,或许是他对外界新鲜事物的好奇和跟进。

他每天固定阅读5种以上报刊,《参考消息》是必看的,因为"里面还是有材料";英文的《中国日报》也几乎每天都要看,因为要知道哪些中文说法跟英文说法对应。他定期读友人从海外寄来的《纽约时报》和《时代》周刊,以及各种各样的图书。有些时新的书,在国内版本面市之前,他早已经读过了。"有的时候一天看一本书。我看书快得很,我常常在一本书里面一下子能找到我要看的东西"。他一边读书,一边用红笔在书上勾勾画画,做满记号。

电影《阿凡达》热的时候,他想要去看。北京5号线地铁开通不久,他就坐着轮椅亲自走了一遍。报上说星巴克火,他要坐上轮椅让儿子推着到王府井去尝一尝。他说5号线太方便了,等于从儿子家门口直接到他自己家门口;他还说星巴克很不错,经营得科学。

他104岁的时候,跟人家大谈一种叫推特的"新花样",还对手机大加赞叹:"手机几乎是万能的,可以看电视,可以看新闻,可以看书,可以谈话并看到对方的脸。手机将人融合在一起,集合信息化的大成,将来还会有大的变化。"

即使腰背已经弯曲,再无法挺直,他仍然有一点雄心:"假如有人请我去演讲,我讲三个钟头不会累的。"确实,他快满100岁的时候，还在中国现代文学馆作了一场为时一个多小时的讲座，关于比较文字学，只带了提纲，讲稿全在肚里，讲完还现场答疑一个半小时。

102岁那年，他在亲友陪同下到北京郊区泡温泉，对一个两岁的孩子说："我只比你大100岁哩。"

偶然的事情，我不研究

周有光开玩笑说他从80岁以后开始重新计算年龄，81岁算1岁。某种意义上，他人生一扇全新的门也正是在那之后不久打开的。那是1989年他83岁离休。在此之前，他是术业有专攻的语言文字学家；在此之后，他成了一个文化学者，研究世界历史和文化发展的规律，以耄耋之年不时出现在公众视野中，就一些公共话题发表意见。

大多数人对他在语言文字学专业领域的成就不太了解，虽然有数以亿计的人正在享受着他的工作带来的便捷。他是汉语拼音方案的主要制定者；他创建了现代汉字学；他研究比较文字学，找寻汉字在人类文字史上的地位；他还研究中文信息处理和无编码输入法，推动中国人加快跨入中文信息处理的新时代。

中国社科院近代史所研究员刘志琴说，中国的学界出现了一个"新"现象：一批老知识分子，而不是年轻一辈的知识分子撑起了新启蒙的旗帜，周有光就是其中一位。

周有光也调侃自己是"两头真"：年轻时"天真盲从"，年老时"探索真理"。

"探索真理"的过程是他离休后真正开始的。因为年龄已经不允许他经常到图书馆查阅资料,他不得不放弃语言文字的学术研究,开始了被他描述为"随便看书"的新一段生涯。这一看,他突然发现了"一个知识的海洋",而"我就是一个文盲,我得赶紧给自己扫盲"。

"这样子眼光就放大了。我原来是越钻越深,越钻越小,井底看天,天就是月亮那么大嘛。"老头儿坐在他的小书桌边,淡定地说。皱纹像蛛网一样遍布了皮肤表层,眉毛几乎已经掉光,露出两弯光滑圆润的眉骨。

某种程度上,绝大部分时间,他的世界小到只有这眼前的9平方米和这张长90厘米、宽55厘米掉了漆的老旧书桌。白天的时间,他基本就坐在这里,读书、看报、思考、写作。

但他的世界又出奇地大。百岁之后,他的耳朵越发不灵,除了有访客到来,他会特意戴上助听器,其余时间,他往往沉浸在一个几乎无声的世界里。但是两只做了人工晶体手术的眼睛,却让他无需借助老花镜就能够阅读打印出来的五号字,让他能够自由地在书本的世界里追寻世界历史和文化发展的规律。

他的头脑中似乎始终揣着一个坐标系,纵的那一条,是上下五千年的世界文明发展的历程,而横的那一条,是世界各国的发展现状。

周有光这样描述人类文化发展的步骤:在经济方面,从农业化到工业化到信息化;政治方面,从神权政治到君权政治到民权政治,简单说也就是从专制到民主;思维方面,从神学思维到玄学思维到科学思维,神学依靠"天命",玄学重视"推理",而科学讲"实证"。

"人类历史就像是一条田径跑道,世界各国都在这条跑道上竞走。有快有慢，有先有后，后来可以居上，出轨终须回归"。他时常坐在他的小书桌旁，在一堆书籍的包围中，向不同的访客谈起这样的观点。

来来往往的访客们总想从这位世纪老人那里寻求一些智慧，难免问问他怎么看这个国家的走向。他总是充满乐观，"现在是全球化时代，中国是世界的一员，整个历史前进，中国不可能不前进的，不过是快一点慢一点的问题，所以我从这个角度来看就不发愁了。"他笑眯眯地笃定说。

著名学者资中筠有一次来拜访，说起她的悲观。"我说你是太心急了。我说我不心急。她说你为什么不心急，我说中国有五千年的文化，五百年也是短时间嘛，你等三百年一定进步。"周有光说着哈哈大笑起来，边笑边习惯性地用手掩一下嘴，仿佛怕失了礼仪，接着补充说，"一方面是笑话，一方面也是无可奈何的事情嘛。"

"那么您觉得中国在前进的过程中有没有可能再发生动乱？"《人物》记者问。

老先生想了一想，回答说："这是偶然的事情，我不研究。就像一条河一样，河的上面波浪变化太快，我没有资料，我不研究，我研究河的下面的潜流，潜流是有规则的，就是历史的轨道。研究历史的轨道非常有趣味，也很重要，所以我是乐观的。"

我觉得人生最有意义的事就是学习知识

周有光1906年1月出生时，清朝的皇帝还坐着龙廷，他看着家里面从原来点油灯变成点电灯，然后又跨入电脑时代，看着手机怎样"让万里之外的人跑到耳朵旁边"。他的一生几乎就伴随着这个古老国家向现代化转型的一个世纪的阵痛。

他常说自己一生经历三次倾家荡产。太平天国起义攻入他的出生地江苏常州，曾祖父投水而死，家里破产；10岁时他迁居苏州，抗战期间逃难到四川，将苏州老家托付他人照管，结果等抗战胜利回家，发现家里已经住着完全不认识的人；之后一段时期，时局动荡，他全家被迫出走，待他回京后，发现家里面"连一张纸片片都没有了"。

最悲苦的岁月要数抗战时他在重庆的日子。日机轰炸的日子里，他天天面对死亡。一次，他坐滑竿下坡到码头，一个炮弹飞来，旁边的人都炸死了，而他自己"吓得不知道害怕了"。一家人的住处三次被炸光。有一处，他们尝试从废墟挖下去看看还能抢救出什么，结果只挖出一双橡皮鞋还算完好。他的5岁小女儿，仅仅因为得了盲肠炎，在缺医少药的战时，只能眼睁睁看着她死去。回忆起这段往事的时候，他脸上少有地现出痛苦，将两弯眉骨紧紧地锁起来。

最开始他研究的其实是经济学，并被一家银行派驻到美国华尔街工作。上海解放后，一家人高高兴兴买了船票回国。他以为新中国最重要的是经济建设，没想到他的所学并不被需要。

他从未想过自杀。某种程度上，周有光得以"幸存"下来，部分是因为他刻意保持距离。

然而当巨大的时代思潮汹涌而来时，他也曾是无数被裹挟的人之一。1933年他和新婚的妻子张允和利用老丈人给的嫁妆到日本去留学时，原本想的是要去师从社会主义经济学家河上肇，结果没学成。

"人啊是会糊涂的，我的青年时候也是很糊涂的。老实讲吧，人家问我你是什么时候清醒过来的？要清醒不是容易的，要重新思考。"

当岁月一点点征服他的身体，腿脚不再灵便，头发日渐稀疏，牙齿慢慢松动，听力渐渐失去，周有光始终没有放弃"思考"这种宝贵的能力。"上帝给我们一个大脑，不是用来吃饭的，是用来思考问题的。"他这样说。

你如果想请教一下这个虚岁108的老头儿，人生的意义是什么？他会回答你："我觉得人生最有意义的就是学习知识。追求知识，享受知识，创造知识，就是人生的愉快。"如果你再问他，那人生最美好的是什么？他会说："知识是最美好的东西，求知是最美好的事情。"

他信仰科学。"什么叫科学？科学就是规律。自然科学是自然规律，社会科学是社会规律。"他信仰人类的发展规律，相信人类必然就得这么发展，你要是走错了路，非得走回来不可。

他以科学的方式对待自己的生活，比如，基本不怎么喝酒，不抽烟，因为此前患有青光眼常年坚持滴眼药，一天不落，还读了不少讲怎样锻炼脑子的书。

甚至可以说，某种程度上，他以科学的理性来帮助自己面对死亡。

当我问起他如何思考生死，他是这样回答的："人都喜欢活，不喜欢死，这是常态。可是你假如研究过进化论，就知道这是自然规律，你心里就舒服了。这是自然规律，谁也挡不过的。"

妻子张允和是著名的"合肥四姐妹"中的老二，93岁那年去世，给了98岁的周有光"晴天霹雳"般的打击。"我们结婚70年，从没想过会有一天二人之中少了一个"，他"不知所措，终日苦思，什么事情也懒得动"。儿子周晓平说，平时感情不外露的爸爸，花了半年时间才恢复过来。他自己解释说："我走出了这次打击和阴影，是因为想起有一位哲学家说过，个体的死亡是群体发展的必然条件。人如果都不死，人类就不能进化。多么残酷的进化论！但是，我只有服从自然规律！"

"原来，人生就是一朵浪花。"他后来在一篇文章里写道。

现在，在他只有几十平方米的简陋的家里，年轻的、年老的、黑白的、彩色的张家二姐，从有大有小的一个个相框里微笑着陪伴着他。

2012年年底，由他口述的一本《百岁忆往》出版，回顾了一个世纪的经历。他人采写形成初稿后，暑天里周有光三次删改，竟删去一多半的文字，成了薄薄的一本，并且全书不配一幅图片，就像删去了繁华枝叶只剩枝干的一棵极简的树。

他的人生最后平静地流汇到北京朝内大街后拐棒胡同一幢灰色的老楼里。

从一个低矮的门洞走进去，老旧简陋的水泥楼梯，爬上三楼，左手进门，地板都没有，只是铺着简陋的地板革。无论外面阴晴，瘦瘦的周有光先生都静静地坐在窗户旁的小书桌边，写写划划，像时代激流之下紧紧扒住河床的一枚活化石。

辑四

PART 4

目光

……

生活中没有小人物

曾梵志

凡人·梵志

这个中国最具标志意义的当代艺术家拥有强烈的
自我意识，因此遭受痛苦，却没有让自己留在阴影里，
而是在痛苦下以其对善的强烈渴望，
学会与这种自我共处，在其基础上构建艺术创作，
塑形出他期待的理想世界与物质生活。

白盒子

2014年11月,在柏林最古老的摄影棚,曾梵志临时搭起一个画室,一种有助准确记录色彩的特殊亮冷白光把画室变成了一个"白盒子",一切像悬浮其中。影像装置作品"遊"的制作人李诗打开手机,向《人物》记者展示一段视频。

视频里,曾梵志先生看起来很轻松,正在热身的他发现自己被拍摄时,突发奇想推起面前四轮桌子小跑起来,接着把整个身体"倏"地俯在滑行的桌子上,双手双脚做滑水动作——"白盒子"被他想象成了纯白泳池,他正徜徉其中。第二天,他要在这里创作他的"抽象风景"(注:曾梵志将这一系列命名为"抽象风景",此系列又曾被不同评论家和媒体称为"乱笔"、"抽象乱笔"),8台摄影机全方位记录创作过程。

曾梵志只在最好的状态下创作。创作"风景"前,他要进行充足的感受,在一周或更长时间里,他会一个人安静地坐在沙发上,准备好的颜料和画笔在一旁。望着画布,他有一些习惯性动作,如手指在空气中来回地画。作为曾梵志的绘画助理,等待是姜昊首先要学会的事。

有时曾梵志告诉他明天画画,第二天早上,不知哪里不舒服,他明白今天不能动。这一天他不会做任何事,就在画室里待着。第二天他发现又不对,以为第三天可能也不行,没想到状态却很好,于是他告诉姜昊,十分钟内把所有东西准备好,音响打开,前期铺色时一般用交响乐,后期则变成《红灯记》这类样板戏,那代表他已十拿九稳。好的创作状态对"风景"开局非常重要,他不会想好要画什么,也"尽量不要知道",第一直觉里选的几块颜色铺上后,再考虑构图,曾追求在那个瞬间把全部潜意识忘我地铺在画布上,必须一上手就有"把握",一旦抓住这种状态,接下来每一笔都有惊喜。

他恐惧失败,不敢在"迷惘"时创作。在柏林,一种过浓的松节油引发了他的脆弱。松节油是油画颜料的溶剂,对"风景"系列尤是。如"遊"的含义,曾把中国书法带有情绪和节奏性的运笔带入到了"风景"创作中,这种运笔代表他追求精神中的自由来去,为让油画笔能像毛笔一样自如,曾梵志曾做了两个改造:把画笔笔毛变长,以大量松节油稀释颜料。

由于通不过安检,松节油只能在柏林购买,买的是北京两倍用量,但调色时,曾梵志还是发现油的溶解度比国内差很多。他忍不住和大家一起搅动颜料。一小时后,从颜料桶里提起刷子时,他知道做了件错事,"风景"铺色用的是一种巨型刷子,一旦放入油漆桶,拿出来就有十斤重,但那天,他感觉这把刷子比平时还要重30%。

创作开始比预计晚了两个小时。他集中精力,把深邃的黑,夜空中的幽蓝,隐隐浮动的暗红,压抑其中挣扎冲向右上角的白色倾注在画布上,形成巨大张力。第一色层顺利铺完。

曾把这一色层比喻为"水面"。"风景"创作第一天对体力要求最高,他那天必须连续画十个小时以上,这是"水面"保持湿润的时长。到第二阶段,他开始用较细画笔在这个"水面"上画出线条,书法运笔式的自由正诞生于此。这时,他开始担心过浓松节油调出的颜料很快干燥,"在水上画一下,波纹很润,但在沙子上画一下……"他皱了一下眉。

升降梯将他送往画面右上角黑与白的交接处,他要挑战的地方正是在此。他抬起右手,当画笔落在白色色层上时,他感到不安。他决定不再多想,直接拉起一条线从白色一直挑到上方黑色。线条拉得很顺,黑白色块静止的边际瞬间产生了兴奋的迸发状射线,"成了!"他忽然喊了一声,他控制住了这种颜料。

柏林第一天,曾梵志没跟任何人说起他的心理压力。但不说话不代表不表达,第二天早餐,他突发奇想以一种恶作剧的形式向所有人暗示他很辛苦。

8点的早饭,7点15分他就坐在餐桌前,临时得到通知的工作人员慌张跑进来时,曾正把他的右手平放在桌子上,他的五指伸开,当有人来到这张桌前,他就给他们看。"我的手指画肿了"。他说。乍一看,小指变粗变长了很多,还弯成了一个可怕的曲度。人们恐惧地凑近,却发现这只是一截碱水面包由粗变细的尾部。那个早晨,他这样不厌其烦地向每一个进来的人展示这只右手,得意地看着他们惊慌失措后又恍然大悟。

曾梵志第一次表现出艺术家式的强烈自我意识是十五岁,那一年,上初三的他突然告诉父母他不会再去上学了。此举引发全家亲戚的担忧,大家聚在他家,劝他的父母绝不要纵容他。曾梵志完全不为所动,最终取得胜利。

上小学时，他就是个容易紧张的人，出众的长相放大了他应试教育的缺点，课堂上，他常盯着前方，头脑却一片空白，被其他同学顶一下时，才知道老师在叫自己。

和其他同学一样戴上红领巾是他童年最渴望的事。但直到小学毕业，他的脖子上仍空无一物。四年级，全校合唱比赛，他因长得好看被安排在第一排，看到没有红领巾的曾梵志，老师意识到问题。在他上台前，给他临时系上一条。他很激动，"我以为从此以后这个红领巾就戴在我身上了"。那一次他唱得很卖力，但唱完下台，红领巾被班主任立刻摘了下来，他痛苦地发现自己被欺骗了。

欺骗至今是他最痛恨的事，他和香格纳画廊创始人劳伦斯·何浦林从20世纪90年代合作至今，唯一一次合作危机出现在曾认为对方骗他时。那是一年巴塞尔艺术博览会，劳伦斯让他准备一张好画，说要带到艺博会上，曾梵志拿出一张"满意得不得了"的作品。但几天后，一个从巴塞尔回来的朋友带来了让他崩溃的消息，画并没出现在现场。曾梵志非常气愤，他想到当时很多画廊都想和自己合作，但他看准劳伦斯，想和他好好在一起，对方却骗了他。越洋电话里，他要求劳伦斯归还自己所有作品。两人一声不吭打着冷战，直到劳伦斯回来，他才获悉自己的画在第一天已经卖掉，劳伦斯挂别的艺术家的画是想把他们也一起拉起来。

母亲、燕柳林、劳伦斯

曾梵志"希望得到别人夸奖"，细心的母亲是唯一注意到儿子需要的人，童年的曾梵志就表现出对绘画的喜爱，那时只要他一画画，她就会鼓励他画得真好。"我可能就这一个优点，"她就"一直用这样的方式鼓励我。"曾梵志说。画画成为他童年最快乐的时刻。

长期压抑给曾梵志带来两样东西：一是强大的观察能力。他要留意老师今天高不高兴，以防他忽然叫住自己，这在后来的肖像创作上给他带来优势，他总能捕捉到对方面孔上的细微之处。另一样东西则贯穿他一生：无论身处何种境遇，绘画都是他情绪上的庇护所。

初三退学后，曾梵志去了一家印刷厂工作，他惊喜地在附近发现一群天天背着画板的人，曾梵志极力接近这个小圈子，当他们打篮球时他会站在球场观看希望被注意到。小圈子的头儿叫燕柳林，一个性格慷慨的干部子弟，曾梵志至今记得自己第一次被燕柳林邀请进家中和大家一起画画的激动，"我就像找到了组织一样。"他说。

燕柳林成了曾梵志的启蒙老师，和他的相处中，比起技巧，真正让曾梵志印象深刻的是一个强者对少年的鼓励。

刚开始和一群人一起画画时，曾梵志非常害羞，他恳求燕柳林能不能等这些人走了单独教他，燕柳林拒绝了，他告诉他只有勇敢学习他人优点才能进步更快。

即使曾梵志说了特别幼稚的话，燕柳林也不会当面打击他，而是过几天后提醒他说："你当时说的那个不太合适。"在这种宽容下，长久压抑的曾梵志发现他敢说话了。

第三是燕柳林对曾梵志天性的保护。学画画时，燕柳林坚持让曾梵志不用按部就班先画静物，直接让他画最难的人物色彩。他认为这样更能解放出曾梵志的感受能力，鼓励他可以"反着来"。

曾梵志与燕柳林一起画画的时间持续8年，两人共同为考上湖北美院油画专业而奋斗。当年湖北美院油画系4年才招一次生。第一次，曾梵志因文化课失败，5年后，23岁的他终于考上大学，但大他10岁的燕柳林却因超龄永失机会。曾梵志说自己至今记得燕柳林得知他考上美院后持久的沉默。

这种对天性的保护令曾梵志至今受益，他的一个创作特点是只画内心有感触的事。少数民族异域风情是当时艺术家的流行主题，但去过那些地方后，曾梵志很快放弃，他认为短暂几周无法让他被陌生环境触动。那时，他画的是武汉闷热的夏天，赤膊睡在冰冻生肉上的男人，眼神呆滞充满血丝的人，还有每天从画室经过当地医院的走廊借用洗手间时，看到的那些焦急茫然的病人们。

1991年，学者栗宪庭从北京到湖北美院看毕业生作品展时，曾梵志是8个毕业生之一。让他激动的正是曾梵志的那批作品，曾梵志画了武汉医院里的病人和医生，画里夸张过的两样东西让栗宪庭至今难忘：眼睛和手。"他画的眼睛都是很惊恐的，手是很痉挛的状态。"栗宪庭回忆，"不管你是什么生活境遇造成的内心紧张，你都从这儿感觉到了一种相似的人类情感。"

来北京后，曾梵志开始他那著名"面具"系列的探索。"面具"是这样画出来的：他先尝试去画各种各样的肖像，画了十几张后，再从中挑选一个与心境最吻合的，在这张的基础上再继续画第二张、第三张……一直到画画的手触摸到内心最深处的东西。画的时候他体会到了一种孤独，想到一个人在陌生环境里待着，谁也不认识，没有人说话。

其中一张"面具"被"上海滩"服饰的老板邓永锵买走。在香港，邓永锵拥有一家叫"中国会"的会所。画被挂在这家会所楼梯的走道上，一个所有人都会抬头看到的地方。

画中西装革履的人手悬在胸前，酷似京剧表演中开腔前的一种过门手势，邓永锵将这解释为一位绅士握手前的动作，他告诉名流们，画家画的是查尔斯王子。

八九十年代的香港人希望自己和英国贵族有关系，张国荣甚至戴安娜王妃都相信了这个故事，并在画前合影，这些照片传了出去。

"但我画的就是一个普通人。"曾梵志说。邓永锵花了五千美元为这幅画装了一个古董画框，使之更显名贵，比画的价格还贵一千美元。

曾梵志这时在北京找到了一个艺术圈子。当时中国艺术已经开始崛起，艺术家们常一起吃饭喝酒，去世界各地参加群展，他们的住所都相隔不远。群居生活方便了策展人和藏家，状态常是：来一个策展人，各家待半个小时，到了中午，一起吃一顿饭，一天看完所有艺术家的工作室。

但时间长了，重复的生活很快让曾梵志焦躁。他变得可以跟每个人单独来往，但一旦聚在一起就烦躁不堪。多年后，曾梵志仍记得一次大家一起吃饭，他突然起身，来到地下车库，坐在车里觉得生活特没劲，"我记得我当时就是莫名其妙地不想吃了。"他说。曾梵志认为艺术家性格都不相同，易被干扰的他不适合群居生活，他必须跳出来才能看清楚自己是个什么样的人。

这也许是为什么一个叫劳伦斯的瑞士人会吸引他的原因。劳伦斯在那时的艺术圈是特立独行的存在,他20世纪80年代来到上海复旦大学学习,毕业后去一家香港画廊打工,1994年,回沪创办香格纳画廊。"我很尊重劳伦斯,他那时就来了中国,一直在艺术领域工作,这在当时很少见。"曾梵志所在的高古轩画廊亚洲主管尼克·西穆诺维奇说。

身材瘦削的劳伦斯很腼腆,会在冬天穿一件中国90年代大学男生常穿的旧羽绒服。当曾梵志试着把画交给他代理时,并不认为这个外国人是最好的选择。那时劳伦斯租不起独立空间,只能把画挂在上海波特曼酒店的二楼走廊上。

曾梵志一直观察劳伦斯,渐渐地,他在劳伦斯身上发现一种强大务实的东西。

香格纳画廊的扩张方式正代表了这种务实。一开始,这些艺术品在酒店走廊上售卖,随着代理的艺术家越来越多,劳伦斯又租下一个面积更大的废弃仓库,当客人越来越多,仓库又被改建成新的画廊,六年时间,香格纳以这样的方式在北京、上海、新加坡拥有了四个空间及一个旧毛毯厂改造的艺术空间。

即便如此,北京的画廊仍没咖啡机,每次喝咖啡他都要走很远去买一杯,曾梵志提议送他一个,劳伦斯拒绝了,当他需要为喝一杯咖啡走很远时,这会提醒他工作不易,要认真对待。"他觉得让自己苦一点是好事。"曾梵志说。

但最终真正打动曾梵志的是劳伦斯对待弱者的态度。

那是上海2000年左右的艺博会,画很难卖,劳伦斯和一堆人待了一个星期,好不容易卖掉一张,但当一个员工激动地把画从画框上拆下来时,"啪!"画撕破了。

曾梵志说那时他一直看着劳伦斯,想看接下来他会怎么做。让他高兴的是,他能感到劳伦斯很痛苦,但他没有责怪那个员工。

"那个人是个残疾人,而且很能吃苦,他特别主动地做很多事情,抱着很快乐的心情。"曾梵志认为劳伦斯自己也是这样的人,所以他喜欢这样的人。

瞬息万变的艺术市场,总有艺术家突然失败,突然成功,在那些饱受命运剧变狂喜或痛苦的灵魂面前,劳伦斯总像以往一样,不拍任何人马屁,也没放弃任何人,从那时起,曾梵志认定劳伦斯是他值得长期合作的人。

想要离开艺术家们的圈子对曾梵志而言是种冒险:如果和大家在一起,策展人和藏家见他们只用一天时间,但一旦搬走,他们要见他就需要单独拿出来一天,很有可能再也没人来看他。1995年,他拿出全部积蓄在距市区两小时的燕郊买了土地,打算在上面规划工作室,但他还没真正做出决定。"如果搬走,所有机会可能都再跟你无关。"曾梵志说。

让他激动的是,劳伦斯这时鼓励了他,他告诉他:距离有时也会帮一个艺术家辨别出真正喜欢他艺术的人,不管多远,那些真心喜欢你的人都会来看你。他们才是值得你把艺术作品交出去的人。正是劳伦斯的建议启发了曾梵志去勇敢寻找人与人之间"真"的部分。这种相互鼓舞的关系恰是曾梵志自童年起便深深渴望的。

2015年3月的一个晚上,曾梵志说起一直以来在生命中帮助他的某种东西,他很容易被别人身上的优秀品质激励,这时他会不由自主反省自己,这让他产生力量。

有段时间他沉迷跑车这类炫耀消费。他在那时去了美国一对著名的收藏家夫妇家。房子不奢华，里面的艺术品却令人叹为观止，很多是顶级艺术家的名作。老夫妇崇拜艺术，他们的生活态度让曾梵志震撼，他们没司机，出门打车，认为这很方便，雇佣司机是种负担。曾梵志说他那一刻被感染，羞愧地意识到自己的肤浅。

也许来自童年缺失，曾梵志说自己总期望看到一个人身上善或正直的部分。母亲、燕柳林、劳伦斯都曾在不同阶段满足过他对这种人格的期待，他们无一不是师长或强者形象。

期待也被隐秘寄寓在了他为朋友创作的肖像里。画那些明星、企业家朋友时，他会把一种宗教或学者的气质小心藏在他们的肖像里，让他们看起来更平静、圣洁，但他不会把他们画得比本人更漂亮。"其实我有时候喜欢画自己内心的状态，希望对方是什么样的一个人。"曾梵志说。

对善的渴望与珍视也让他收获友谊。曾梵志和设计师张京1998年相识，那时曾梵志想请张为他设计一本画册。第一次见面，不善言谈的曾梵志用一种令张京吃惊的方式向他表示友好：他展示了身上一条裤子的特别之处。他把两只手揣在裤兜里，裤子的两个兜是相通的，手正好可以在中间交叉到一起，他就这么给张京表演分开，交叉，分开，交叉，张京目瞪口呆。

张京拒绝了曾梵志，艺术家画册远没那些广告业务赚钱。被拒绝后，曾梵志又硬着头皮找了张京几次，张京一直不答应。曾梵志最后一次来到张京公司时，直接把所有图片全都扔到了桌子上，然后转身走了。眼看展览快开始，他明显急了。

让张京真正下定决心帮助曾的是一个盖茨比式画面。曾离开后，张京开车出门，开到一个丁字路口时，他意外看到曾梵志的背影，他正沿着路边那片树林很慢地走，一边一个人失落地踢着石子，显得非常无助。张京心里一软，他说在那时他决定帮帮这个人。画册印好后，曾梵志非常高兴，让张京意外的是，曾梵志告诉张京他认识的所有人中张京是中国最好的设计师。张说他知道自己不是，但曾梵志似乎在内心就要相信是这样的，他让他认识的所有艺术家都来找张京，希望给他带来生意。张京被这种单纯心意感染，两人至今都是挚友。

最高的技巧是天成

曾梵志第一次感到内心安静正是在搬到燕郊后。

让他受宠若惊的是，尽管远离艺术家群居环境，但藏家和策展人并没忘记他，一天前，他们也许要见10个住得很近的艺术家，但第二天，他们会用一天时间专门来看他，有更充分的时间感受他的作品，对艺术而言，这种专注的观看恰是重要的。

1999年，"面具"不断被认可，但曾梵志发现他无法再回到画"面具"的心态里，他决定去找内心再次激动的东西。

在栗宪庭的经验里，当时中国艺术圈，忠诚内心并非易事。栗宪庭是90年代初中期中国少有能和西方重要策展人和博物馆往来的人，是中国当代艺术当时通往西方的重要推荐者。

栗宪庭记得自己当时推荐给西方的中国当代艺术是多元的，有没有被打动是他挑选的标准。但让他意外的是"西方只选了很符号化的东西"，"他们觉得这个识别性很强"。

栗宪庭很快发现很多艺术家受到影响,他们不再像他们最初那样努力刻画内心感动他们的东西,而是迎合西方故意强调了符号表面的东西,大量助手在这时被雇佣去复制符号,"中国很多艺术家是靠手头功夫自己画出来的,一旦有人做助手,你又不纯粹是个观念艺术家,这个观念肯定玩不到位。"栗说。他认为从那时起他们作品里感动人心的东西消失了。

但栗宪庭认为曾梵志不同,"他内心有自己一个非常稳定的想法"。当其他中国艺术家从技术转变为对观念的追求时,曾梵志坦言他没有看懂国外那些观念和装置艺术,有人告诉他架上绘画在未来是要死亡的,他说那怎么办,如果我去迎合,我也只能是个起哄者。曾决定还是遵从内心,坚持每一笔都自己画,童年起,那便是他最享受的时刻,他不可能把它交给别人。

在劳伦斯的总结中,曾梵志的创新之路很像中国早年根据现有生产材料勤奋专注生产的企业家,他会找到一个自己能感受到或最熟悉的点耐心深入,比起在头脑中空想观念,曾梵志更相信他手上画出什么或眼睛看到什么。"他不一定是在脑子里做计划,他的手是他独立的一个东西,他的手在工作、在动脑子,他的手知道怎么往下走,手引领着他的头脑。"劳伦斯说。

工作室有张文人书桌,上面是毛笔架、砚台、炭笔等各种绘画工具,这里是他每天进行绘画实验的地方。曾从书桌里拿出一沓白色卡片,上面是他探索出的各种笔触。

艺术观上,他信奉庄子的一句话:最高的技巧来自天成。意思是有人为意识参与的笔触都是次等。指着一张纸上一棵炭笔画出的树,他说这正代表他对"天成"的理解。

曾梵志坐下演示。他一只手拿起两支笔在纸上画出两道磕磕绊绊的线条，这是他放弃技巧和控制的方法：人手无法同时控制两支笔，在控制意识之外出现的线条是意想不到的，这是"天成"。接着，他的右手又回到握一支笔的正常状态，在两根不规则的线条形成的树干上画出纹理、阴影、树枝，两根弯弯曲曲的线条就这样变成一棵栩栩如生的古树。曾梵志非常得意，他从另一个小抽屉里又掏出一个印章：若画出满意的笔触，他会在纸上盖上这枚印章鼓励自己。啪！一个活灵活现的红色小佛出现在树旁。

告别"面具"时，曾梵志通过破坏之前已经固化的技巧和经验释放自我。劳伦斯一直默默在观察他，当看到画面上那些毁灭式线条时他还是吓了一跳，"风景"开端"就是一个大黑东西"，劳伦斯说。

如弗莱明通过大量实验偶然在没有盖好的培养皿里发现青霉素一样，曾找到"天成"的灵感则来自2002年右手一次意外受伤，他不得不改用左手画画。左手不如右手容易控制，画出新线条时又不断出错，修改这些错时，又造成新的错误，让曾梵志惊喜的是，他得到了从未见过的笔触。

在张京看来，喜欢惊喜是曾梵志天性里的东西。每次画画，他会让自己尝试一些没有试过的元素，未知保持了他的创作热情。"如果你胸有成竹，一看就知道它会是什么样，画完以后你没有惊喜。"曾梵志说。

他也喜欢能带来精神高点的事物。说起他和劳伦斯或张京的交流方式，他把这种交流玄化成一类大部分时候沉默，但在空气中彼此就能心领神会的武侠小说式桥段。

获得让人意外的精彩笔触离不开练习、耐性和漫长等待。在稳定不被干扰的自我秩序里，曾梵志有深入工作的能力。这种强大务实的动手能力和耐心被他归结为母亲自7岁起对他的家务训练。

20世纪60年代的武汉，老街上的市民生活，曾梵志的耐性、深入能力和对日常生活诗意的感受全部来源于此。

温柔细致的母亲陪他度过学习做家务时的烦躁期，他学会后，她又让他自己去观察应该做什么。发现玻璃很脏，垫一把椅子去擦玻璃，擦完后，母亲表扬了他，同时建议他可以再试着用干的布擦一下，这样就不会有水汽印，当曾梵志发现玻璃真的更干净后，他高兴极了……就这么一点一滴，他能耐下心来自己收拾屋子、淘米、做饭，意识到如果要做好这些，必须要让自己静下心来。在这种耐心观察里，日常生活回赠他的是诗意：他记得母亲把绿豆放在一个竹篮里，天天浇水，绿豆慢慢长出豆芽时的欣喜；还有一次做酒酿，她把容器藏在一个地方，不让他打开看，耐着心等待一段时间后，再打开上面盖着的布，大米神奇地变成厚厚的白色山包。

离开人群，他的眼睛与耳朵再次恢复对那些日常诗意的感受能力。在柏林，他与李诗谈起这种感受力在"抽象风景"创作中的重要性，它们是那些书法般线条的灵感，线条有的来自恢宏庞大的交响乐里一声高亮着冲出结构又瞬间消逝的小号声，有的是冬天薄雪压在了一根漆黑树枝上那种清冽静止又黑白分明的禅意。看到这些诗意后，曾梵志不会立刻把它们画出来，而是等待几年后，让它们从眼到心再到笔下慢慢体现。

谈到今天年轻油画家的创作，曾梵志遗憾他们总被各种东西打扰，没有养成耐心做事的习惯，总想去找各种简单的方法完成创作，如通过搜索互联网上的图片找到绘画对象，不去投入时间和自己的内心相处。那段不知道外面在干什么的时光对曾梵志的创作帮助巨大。"别人干了什么我不知道,我只知道现在这样的生活挺好的。"他说。

儿童式性情

2014年1月,巴黎市立现代美术馆曾梵志个人回顾展闭幕前一个月,他接到馆长Fabrice Hergott的电话。Hergott向他吐露了展览结束时策展人常有的一种孤独,人群散场,展品从墙上撤下,空间重新变成一个空荡荡的白色盒子,就像突然抽走的一段感情。策展人对艺术家越认可,失落越甚。巴黎市立现代美术馆建立于1937年,这是77年以来首次为中国艺术家举办个展,策展过程长达3年,Hergott全程参与。

电话里,Hergott希望曾梵志前往巴黎陪他共度展览最后一小时。曾梵志能感受到其中的认同及一种患难与共的感动,他决定前往巴黎。

同行者不多,是曾梵志的朋友、工作人员、两家媒体。订的酒店能在露台上看到埃菲尔铁塔,抵达前一天是情人节,房间全满,大家只好聚在酒店大堂餐厅里,等情侣们起床。

凌晨5点,寂静空旷的酒店大堂里只有这张桌子上的人在吃早餐。"昨天晚上睡得好吗?"曾梵志忽然坐在餐桌上饶有兴趣地问,他们刚坐了一晚上飞机,除了他看上去精神抖擞,其他人都处在半梦半醒的状态里。

上飞机前，曾梵志神秘发给每个人一颗白色药片，告诉他们，这有助睡眠。现在，他想知道药片有没有作用。

遗憾的是，没一个肯定回答。一个工作人员说她做了一晚上噩梦，"我绞尽脑汁和歹徒战斗"，她皱着眉。"怪不得你昨晚一直拉着我的手。"曾梵志强装镇定坚持调侃。

药是一类有助修复大脑的保健品。3年前，曾梵志在一个法国医生那里做过关于创造力的测验，医生告诉他的创作力依然旺盛，他备受鼓舞，"报告有几百页"，他说。那次测验后，他得到这些药片。"它们让我每天起床都觉得世界很美好"，曾梵志再次强调药片有用。

他的朋友、一位外媒主编一直沉默。听到药片有助睡眠时，他便产生警惕，怀疑药片的成分会不会是某种褪黑素。

"他应该送去检测一下。"午餐时，主编对曾梵志的工作人员表示担忧。他说他有亲戚就在美国某药物监督部门工作，只要知道药片成分，就可以知道药有没有问题。大家支持他这么做，因为曾梵志很多时候"迷迷糊糊"的。

曾梵志没听到这段对话，当天中午他要去法国总理家中用餐。与大家告别时，他极不情愿，穿着外套戴着帽子在门口走进来走出去。"一到这个时候，我就觉得像小时候又要去打针了"，他至今未忘记他做儿童时的感受，特别尴尬和开心时，他总能联想起幼时类似经历。与人交往上，曾梵志至今仍保留童年的笨拙。他只会自信地说他内心有感受的事，跟陌生人交谈或者说冠冕堂皇的话时会紧张，张京说。

能预感到他什么时候紧张则是他身边工作人员的必备能力，曾梵志最大的恐惧是当他面对镜头或在公众面前讲话时。2010年，上海外滩美术馆展览上，被迫在开幕式发言的他一直把上海世博会说成奥运会。

那天晚餐在一个法国海鲜餐厅，一下午紧张后，曾梵志终于放松了，"点一个好一点的白葡萄酒"，他一坐下就说。

大家要求他讲讲见闻，"一进门就要拍照，随时要拍照""感觉像人民大会堂开会。"他说，"还有乐队。"

"曾老师表现得好吗？"有工作人员好奇曾梵志这次有没有又因紧张闹笑话。"他表现得挺好的，"翻译笑着描述了当天下午一个场景：进门时，曾梵志发现客厅里有个军帽非常好看，在吃饭时他还一直记着那个帽子，终于在去洗手间的途中，找到机会，在客厅偷偷戴上帽子拍了照片，谁都没有发现。"曾老师非常得意"，翻译说，"现在那个照片就在我手机里"，曾梵志开心地说，比起和总理吃饭，这是那个下午真正让他快乐的事。

曾梵志儿童式的性情让晚餐气氛变得融洽，私下，他的紧张型人格是大家的乐趣来源，他们经常当面嘲笑他稀里糊涂或什么都搞不定，这时，他就一个人笑，或干脆和他们一起自嘲。

那晚，海鲜、烛光、贝类下冒着冷气的碎冰令气氛温馨，人们回到凌晨餐桌上调侃白色药片的欢快中。这时，主编本着负责任的态度试探曾是否知道药物成分，曾梵志显然把握不到这小心翼翼的语气用意何在，他说他搞不清楚这些，又强调了一遍它们有助修复大脑，随后又回到了他制造的欢乐中。主编沉默了，再没提药片的事。

稀有的作品

"风景"探索令曾告别过去。2000年,"面具"创作从每年10张左右降到两张左右,2004年曾彻底告别这个系列。

2009年,著名藏家、法国开云集团董事长弗朗索瓦-亨利·皮诺来到曾梵志工作室,当看到"风景",皮诺被它们深深打动,他认为这一系列作品改变了他对以往接触过的一切艺术的感知,"他活在自己的时空里,竭力开拓观照四周事物的新路径。"皮诺说。

当他想收藏更多"风景"时,曾梵志拒绝了。本以为能得到更多作品的皮诺只从曾那里买到两张作品，一张是按照国际惯例，另一张曾梵志解释是因为自己在那天迟到两个小时对皮诺的补偿。

在中国，曾梵志是最不轻易把作品交给别人的艺术家之一，只有在确定这个藏家对他的艺术有足够的爱时，他才会把作品交给他。

乔志兵是中国最重要的当代艺术收藏家之一，曾梵志对作品控制的越严格，越令乔志兵这种挑剔的藏家信任。"每个作品给到谁，他都很慎重。"乔志兵说，"我觉得这是他成功的关键，很多艺术家，我买十张画他给，甚至二十张画他都给，那基本这些人完了。"

乔志兵安静，清瘦，《人物》记者在他位于北京东北四环的夜总会包房里与他见面，对面电视机里正播放着时装秀的画面。夜总会有个观光电梯，但和其他夜总会主人一样，乔志兵有他隐秘的会客通道，那是在夜总会租的酒店三楼，客房区过道尽头有一个隔音极好的密闭门，保安打开这扇门，门后是另一个莺歌燕舞的世界。乔正站在门后等待记者。

在全球艺术界，乔志兵的名气一方面来自他的收藏，另一方面则来自这些名贵藏品的摆放地—上海一栋四层楼高的夜总会。那里陈设着艾未未的雕塑、杨福东的摄影，收银台后挂着季大纯的大尺幅油画，一枚巨大眼球。

得知乔志兵这个爱好，很多艺术家开始把作品卖给他时，会特别要求千万不要摆在夜总会里，但经一家英国艺术杂志推荐，这家夜总会被列为策展人藏家去上海必看之地，艺术家又纷纷恳求乔志兵把自己的作品挂上去。

但乔志兵认为曾梵志对他的尊重不同，"他还是觉得你是一个很认真、很严肃的收藏家，他其实是认可你的收藏"。收藏9年，乔志兵说自己从未出手过一件藏品，坚持只按个人喜好而非市场走向购买作品。他认为这正是曾梵志真诚对他的原因。

采访结束，乔志兵再次来到那扇只为他的客人而开的门前，记者走回酒店客房过道上，乔志兵微微礼貌点头，那扇门和那个世界再次关上了。

艺术家拥有一个稳定系列后，成功的创新会让人们相信你的艺术生命更长久，但创新也是冒险，如果不被认可，艺术家的生命也许就此停止。不画"面具"后，曾梵志面临挑战，他担心他的"风景"会不会受到认可。

但他的才华、专注和意志力在这时给他回报。2013年的威尼斯双年展期间，皮诺以一个重要藏家所能给予的最大支持向世人展示了他对"风景"系列的肯定，他把其中两张挂在了自己位于威尼斯海关大楼美术馆的一楼中层，这个空间的四面墙，只有对面的两面用于挂作品，剩下两面是空的，它非常纯粹，此前，它只属于重要的欧美艺术家。

幸运与悲剧

在收藏家章效军看来，优秀艺术家一生追求的都是去创造一套完全属于自己的语言。

当出现新艺术家，为让藏家和艺术家亲密起来，画商会邀请资深藏家到新艺术家家中欣赏作品。那一场面令章效军难忘：你在看画时，艺术家却在用迫切的眼光看你，直到你要走，他终于忍不住问了一句不买吗？"对画家来讲为什么残酷？"章效军说。"艺术家的痛苦是它创造的是一种语言"，这种语言没有任何实用性，如果有藏家强烈地对这种语言发生共鸣，那么艺术家就是最幸运的人，他创造的世界被人认可，但如果没有，把所有自尊、幻想、希望全部自己投入到这套语言中的艺术家是最悲惨的，你的作品对他人而言就是一张废纸。

作为藏家，章效军的身上也有这种戏剧性。章效军从2005年开始收藏曾梵志的"风景"，那时他刚从美国回国，在画廊官网上看到这批作品后，非常兴奋，此后一年，他天天泡在曾梵志的工作室里，"非常疯狂地买"，几乎花光所有现金。

有一次，章效军去湖北拜访一个画家，到他家时已经凌晨一点。画家给他看自己的水墨，章效军没有什么兴趣，场面一度非常尴尬。但当章偶然发现一些画在硬纸壳上的水彩时，他感到兴奋，画的风格很像蒙克，章效军回忆，"你突然就可以交流了"。画家很吃惊，说这是自己80年代初随手画的。章效军带走40张，1000元一张。第二天早晨6点，章效军被敲门声弄醒，昨天的艺术家带着他的妻子站在门口，艺术家说妻子想见见他，这么多年已经没人买自己的画了。画家当时身体已经非常虚弱，由于作品太少，限制了他的市场，后来章效军才知道他就是曾梵志的启蒙老师燕柳林。

章效军认识燕柳林不久，49岁的燕柳林就去世了。曾梵志画室书架上合影不多，集中表现的是他来北京后的生活，它们之中，有一张发黄的双人黑白合影分外触目，被放在照片堆里最醒目处，似乎是他从武汉到北京时便随身带在身上的，照片中，两人一起望向前方，面带微笑，有80年代特有的单纯与希望，那年曾梵志16岁，是他遇到燕柳林的年纪，也是他第一次找到人生方向，照片里的另一人就是给予他这一切的燕柳林。燕柳林去世后，曾梵志为他出了画册，做了展览。曾梵志记得燕柳林用幻灯机给他们看自己作品的场景，那时燕柳林已经无法再画适合展览的大画，只能画很小的画，之所以用幻灯机，正是他期待有一天身体好了再把小画画成大的，他想让他们提前用这种方式看到大画的样子。

伴随曾梵志经历的命运起伏，不难理解他的一些行为：章效军记得，曾梵志曾被老艺术家余友涵的作品打动，他恳请画廊为这位艺术家做展览，大部分画廊更希望把精力放在年轻艺术家身上，1943年出生的余不在考虑内。"曾梵志就对余友涵说，如果有一天我有能力，我一定给您办一个展览，因为我觉得您的艺术非常非常得好。"章效军说。

7年后，曾梵志有了自己的非营利艺术空间，他为余友涵做了展览。这是个"只有余友涵明白，只有曾梵志明白"的展览，没太多商业意义，更多的是一个艺术家对另一个的感激、认可，章效军说。展览那天，他给曾梵志发了短信，大概内容是：你做到了你过去的承诺，你记得它，实现它，对你是丈夫的行为，对余友涵来讲是一个年轻人最好的承诺与兑现。

安静到不被成功伤害

2015年1月，打算做艺术衍生品生意的韩国人Jung Lee带给曾梵志一些新型绘画材料。希望曾梵志能随手画些什么。

曾梵志来到工作桌前，右手握住5支炭笔，开始在手里转动它们，接着，他随意画出5条并行的起起伏伏的曲线，由于手无法准确控制5支炭笔，画出来的曲线时有时无、或轻或重，像一种儿童随手画出的状态，有趣的是，曾梵志接下来恢复控制力，拿起一支炭笔勾连、雕琢，描出阴影产生层次，神奇变化发生了，曲线渐渐浮现出中国山水的模样。看到Jung的惊讶，曾梵志淡定又得意，这是他对自己的满意时刻。

一个晚上，曾梵志回忆起很多因他的作品人生变化的人：90年代初以便宜价格买下他作品的在使馆工作的外国人。

"我很感激他们，"曾梵志说，"我们当时很需要帮助，那时没有人买画。"那时买到曾梵志的画只需几万块钱，但现在很多画已是千万级。"如果这些涨到一百万，他们可能会说我热爱艺术，不会出售，但涨到一千万就很难说了，你会发现你开始很紧张这幅作品，怕保姆碰，怕人偷，最后放在玻璃罩子里也不行，它让你的心理承受不了，只能卖掉。"

"卖的时候你可能会安慰自己，我还会再遇到一个曾梵志，但当你拿着卖画的钱想再复制这个过程，你的心已发生变化，你当时单纯被这幅画感动，想不到它未来会让你赚那么多钱，但现在，你很难挥去成功给你带来的东西，你想复制这个过程时，想法难免变得功利，不再纯粹。"

曾梵志告诉《人物》记者他能理解他们，但他努力做的，正是让自己不要被成功伤害，尽可能追求绘画最初带给他的真正的快乐和纯粹。

初三那年退学还是给他的人生留下说不清的强迫症。2012年，一位初中同学意外收到曾梵志的请求，希望他帮自己召集大家办一次同学会，那是曾梵志32年前退学后第一次再见到他们，意外的是，他叫出所有人的名字。被迫离开学校后曾梵志说他一直无法停下去回想那里发生过的每件事，"我就跟复习一样，每天复习一遍""32年，等于我一直在复习"。

创作前，曾梵志会要求助理把所有东西清洗干净，整齐放好，当打开画布，看到规矩摆放的颜料与笔时，会有种仪式感。创作过程中，他的手与鞋始终非常干净，若不小心蹭到什么，会立刻擦洗。创作助理姜昊说，曾梵志给人的感觉是，通过清洗，他想要忘记身外的现实世界，让自己安静下来。

2011年，巴黎市立现代美术馆馆长Hergott到曾梵志工作室时，他注意到一幅自画像。画中，曾梵志光着脚，有身处书房这类私人环境才会出现的与自我相处过久的表情，他手握画笔，肖像边缘光洁，溢出轮廓的笔触被用刮刀去除，画面里凝固着一种稳定的安静。Hergott认为他看到了东方式的克己。

曾梵志在自画像里坐的是个禅凳。他告诉Hergott：创作前，他会坐在椅子上凝神，很像一种"入境"，绘画时，他要不断回到这个心境中去体验，他把他创作时的心境凝固在了这张画里。

Hergott意识到这层"入境"是西方眼睛难以观察到的。那时，他期待为这家美术馆呈现第一个中国艺术家个展，兼具中国内核与西方语言。他认为曾梵志正是他想找的艺术家。

安静是曾梵志的主要气质，稳定情绪的沉香弥漫工作室，喝茶时，他偶尔会形容这里有百年普洱枯树的味道，他喜欢分享他的感受，顺着他对感受的描述，很容易随他一起进入到独特安静的气场里，也就进入到和他一样的心境中。

意

但在栗宪庭印象中，这种安静下有另一层复杂的东西。那年湖北美院毕业生展览第一次见到画家本人时，栗宪庭注意到的正是这种安静。曾梵志穿得很干净，画画前，会先在地上铺上报纸。和其他大大咧咧的艺术家不同，也和他画出来让人内心紧张、激动的笔触不一致。栗宪庭那时正筹备"后89中国新艺术展"，他把曾梵志的毕业作品放了进去。曾梵志看起来很高兴，"但是我能感觉他其实很紧张。"栗宪庭说。

在汉雅轩画廊的老板张颂仁看来，曾梵志追求安静的过程也许正是为了平抚强烈的自我，遗忘外部世界。张颂仁观察到，曾梵志的画与人格里的特别在于它矛盾的两极："面具"和"抽象风景"的内在都有一种不可愈合的伤口，是无法整理的，受到伤害的，但曾梵志却试图努力用另一种秩序和严谨去反复平整这种撕裂感，让画面抵达平静。如"面具"里的人，他们穿着整齐的西装，但西装没有盖住的裸露的手和脸却都是痉挛着的。

曾梵志受很多艺术家影响，但他对当时喜欢的很多人已没有感觉，今天留在他心里的作品多带有某些平静内心的宗教气质。在他工作室里，最让人印象深刻的正是那些具有永恒气质的物品，比如手写的佛经或文艺复兴时期的大师手稿。曾梵志把这种相处比喻为陪伴和提醒。

2008年前,曾梵志开始探索全新的"纸上作品"系列。2014年3月,《人物》记者第一次在他的工作室里看到了这批还没公布的作品。那个下午是个雾霾天。曾梵志正一边注视着他面前的画纸,一边用一根硬度极高的3H铅笔细致地勾连出层层叠叠的山峦。往山峦深处看,这片轻细笔触中,山石惊人丰富的层次依次浮现,它们绝不让你轻易看到,需要你投入足够的专注与耐性,且比平时更安静。观看方式很像中国古代那类雕在桃核或者象牙里的微缩艺术,需有极高的耐性与漫长适应能力,在克服一种故意陌生化的困难后,你就忘记自身所在世界,被画家置入他构筑的世界。

勾连这些线条花了两年,若要离开工作室时间过长,他会把这画带在身上,当一天工作结束心情恢复安静,他继续与这张画融为一体,这时,对一个艺术家来说,工作室或其他什么地方便再无二致。这幅画中,曾梵志追求的偶然性来自几支铅笔在纸上随意画出的层层交错的线团,他在线团里找山的形状,但两年后,他放弃了,线条正变得越来越混乱。那也许是有问题的,看画和修行都一样,第一眼让人舒服,看进去就会越来越舒展,这就是善。

"纸上系列"在今年到了新阶段,曾梵志开始从材料中而非随意画出的线条中寻找偶然。材料是工艺复杂的手工纸,创作前,他先在纸上着色。纸里丰富的纹路着色后依次浮现,有些像树,有些像假山,曾梵志要做的是从中发现它们。

创作这些作品时,他起得很早,要在纸前观察很久,第一天看到东西时,不敢动笔,如果连续三天都和头一天看到的是同种感觉,才让笔沿着纸的纹路勾画出来。渐渐地,他明白上午10点的自然光能让纸呈现的东西更丰富,只有心跳被控制到67到72时,他才能动手。"必须特别安静才能看到你想看到的东西",曾梵志说,"激动时,你将看不到任何东西。"在强调稳定观察之道的创作上,他要把心调节到固定心境下,这时眼里诞生的东西就是"意"。

描绘纸的纹路时他使用一种很淡的笔迹,使人很难分辨画上去的线条和纸上的纹路,当你进行细致辨别时,你也入到画境里。这种为观者故意设置困难的"入境"过程,调动起的正是心眼合一的专注力。

如何步入这种丰富微妙的内在感受,很像曾如何用工作室院内一件装置艺术品令内心走向静谧。艺术品来自意大利艺术家哈利博托利亚,有13个10米左右的细钢杆,用手弯曲其中一根时,会敲击其他12根,发出钟鸣。

当钟鸣声从震耳欲聋到渐渐衰退时,耳朵必须投入比日常更专注的注意力才能听到,内心则需足够投入,否则会抓不住尾音。当耳朵跟随着渐微的钟音越来越专注时,听到的声音也越来越丰富微妙,专注力也令心越发超然宁静,时间仿若静止,外部的世界渐渐遥远。曾相信在这种心境下看到、听到和感受到的,才是值得入画的。

弗朗索瓦-亨利·皮诺谈曾梵志

"曾梵志最打动我的是他对家庭的爱,特别是对他母亲的爱"

开云集团拥有Gucci、Yves Saint Laurent、BVLGARI、Balenciaga等著名奢侈品品牌,弗朗索瓦-亨利·皮诺为其创始人、董事长，佳士得拍卖行亦为皮诺私人所有。同时，皮诺也是"二战后现当代艺术"的重要藏家，收藏了包括毕加索、米罗、蒙德里安、安迪·沃霍尔、杰夫昆斯、达明赫斯特和曾梵志的重要作品，几乎涵盖现当代艺术主要流派。皮诺接受《人物》杂志采访回忆他和曾梵志的交往过程，以及曾梵志的艺术打动他的原因。

我十分确切地记得与曾梵志先生的第一次见面。那是在2009年，他位于北京的工作室。我首先为这个地方和他的主人身上散发出的静谧之气所触动。我对艺术家的个人品质、智慧当然还有天赋才华印象深刻。尤其吸引我的是他如何巧妙地结合了中国与西方艺术。我记得当时中国艺术家正在国际舞台上展露光芒。每个人都能感受到拥有千年伟大文明的中国对我们所处时代不同创作表现的开放程度。在这一代艺术家中，曾梵志大概是对这种普遍意识觉醒贡献最多的其中一位。之后，他作品的影响力及国际上对他的认可也印证了我最初的直觉。

曾梵志个性中最打动我的是他对家庭的爱，特别是对他母亲的爱。在请他母亲来巴黎参加市立美术馆展览开幕及随后的晚宴上，我感受到他展现的细致体贴。当时我暗想，这位我欣赏其工作、可以创造出对每个人有力提出询问的作品的伟大艺术家，同时也是一个极度腼腆而敏感的有品质的人。讲到艺术家，最令我难忘的是他专注的能力，对我们周围世界恰当的剖析，以及将这一切通过作品解读的能力，这些作品造型艺术上的精湛技艺是惊人的。

一件作品与它的创作者之间的关系是复杂的。事实上，有时通过超越对它既定的设想，作品脱离其创造者而成为独立的产物。与此同时，每件作品深刻揭示出它的创作者的个性、智慧、感觉和信仰的一部分。这正是曾梵志作品的特点。它们完全是他个性的体现，然而其最后形成的现实感又如此独立，最终竟能达到使他惊讶的程度。这就是为什么我一直喜欢观察在自己作品面前的曾梵志，并从他眼神中猜测到，创作有时是意外，就好像他是第一次见到它们一样。

我对曾梵志喜爱之处还在于，他能独特地运用历史的眼光来表达现实。他强烈地感受他的时代，对此展现他独特的观点，激起问询之意。此外，我也十分喜爱他对他各个系列的创造。每次他都是通过很多作品来征服一个主题。有时又像音乐家们运用"变奏"的方法一样来回避这个主题。正是这种将一个主题的丰富性推动到极致的能力让他诠释出了"面具"系列、"肖像"系列以及"抽象风景"系列的吸引力。"抽象风景"中的动物常常依托于深受曾梵志喜爱的西方古典绘画中的经典形象。他不满足于重现阿尔布雷特·丢勒著名的"野兔"形象，他对它重新解构，将其重新置于当代的审视中，使之成为我们时代的作品。这也同样是他对19世纪法国绘画中最为著名的画作之一、德拉克洛瓦的"自由引导人民"所做的，他的重新诠释强调了其悲剧性特点。两件作品（曾梵志的与德拉克洛瓦的）能够在卢浮宫摆在一起欣赏，给我带来莫大的喜悦和感动。

谈到我个人的收藏准则，对我来说只有一个准则是重要的，那就是艺术家作品对我的意识、情感和想法是否产生影响。这一点更多地属于直觉而非理性层面。至于艺术家在国际评论界中所处位置的客观分析—此类理性探讨反而在其次。

郎平

//

阅读者

因为她带领中国女排十二年后
重新登上奥运冠军的领奖台，
更让"女排精神"不再仅仅是苦大仇深式的拼搏，
而是拥有了科学、专业以及国际化等新的时代含义。

干净的欢乐

郎平女士最近在去欧洲旅行的飞机上断断续续看了大半本英文小说,她已经很久没有好好享受阅读带来的乐趣了,因为这三年来,她的时间都花在阅读比赛和阅读队员上。里约奥运会结束后,她终于拥有了一个久违的假期,和先生、姐姐一起去欧洲转了一圈,体重都增加了两公斤。

自从2016年8月21日女排夺得里约奥运会冠军以来,郎平和女排姑娘们的面孔就频繁出现在新闻、广告、电视节目和社交媒体中。用一位体育评论者的话说,女排的胜利带给人们一种久违的"竞技体育所制造的干净的欢乐"。女排决赛的那个上午,央视转播的收视率超过70%,是春晚的两倍。它成为那个夏天里,跨越阶层和行业的共同记忆。

实际上,出征里约之前,中国女排的队内目标只是一块奖牌,并未被寄予夺冠期望。即便如此,奥运之旅的开局仍然非常不顺利,先是抽签被分进美国、塞尔维亚等强队云集的死亡之组,小组赛排名第四勉强出线后,又在四分之一决赛时遇到东道主巴西。

四分之一决赛那天上午,训练结束后,郎平罕见地把在场记者叫过来一起合影。她做好了打道回府的准备，已经让领队赖亚文查一下提前回北京的机票，并跟助理教练说，今天练完球全部拿走，如果输了，咱们就不会再回到这个场地训练了。

之前一天与远在北京的姐姐郎洪通电话时，郎平也透风说，可能马上就要回来了。"行，赶紧离开那鬼地方，回来我们好好度假去。"郎洪宽慰她。姐妹俩在电话里畅想着接下来去哪儿玩、去哪儿吃，没再聊比赛的事。但郎洪太了解妹妹了，"她肯定不会就此罢休"。

2013年，在排管中心的再三邀请下，郎平出任国家队主教练。那时的中国女排，已经沦为一支二流球队。郎平上任不到100天，中国女排在亚锦赛中连输给泰国、韩国，获得了38年以来最差的第四名，被球迷嘲讽为"384"。在那之后，她全面起用新人，从各省征调队员，组建了一支前所未有的"大国家队"。她对这支年轻的队伍充满耐心。

之前的小组赛0∶3输给塞尔维亚后，回到奥运村，郎平说晚上不吃饭了，要回房间抓紧时间研究录像。有的队员跑进郎平的房间痛哭，怨自己不争气，郎平还要做她们的思想工作。"当时就是觉得马上要找到问题，尽快地把运动员的心态，包括技术状态给调整过来，我知道那会儿我们还没调过来，所以我还是很耐心地在等。"里约奥运会结束三个多月后，郎平对《人物》记者回忆。

跟姐姐郎洪通完电话的第二天，郎平最终等到了那个转折时刻的到来。在人们普遍不看好的情况下，中国女排以15∶25的大比分先失一局，然后连扳两局，最终以3∶2战胜东道主巴西。此后，找到状态的中国女排接连战胜小组赛曾经输给对方的荷兰和塞尔维亚，时隔十二年重新登上奥运冠军的领奖台。

在奥运会的历史上，中国女排获得过三枚金牌。1984年，袁伟民率领的老女排是与振兴中华、国家的改革开放联系在一起的；2004年，陈忠和执教的"黄金一代"伴随着队员的伤病登顶，随后在辉煌中谢幕。如果说乒乓球作为国球代表着中国体育不可阻挡的巅峰，那么女排则一直存在于中国人逆境重生的集体记忆中。2016年，郎平带领的这支队伍，让女排回归体育本身，不再只有苦大仇深式的拼搏、心灵鸡汤式的励志，而是拥有了国际化的视野、科学的方法以及专业的团队。

阅读比赛

排球是一项需要智慧的集体运动。郎平经常会提到一个词：阅读比赛——读懂对手意图，队员之间提前做出配合。这是她出任国家队主教练后，首先教给队员的。"高水平的运动员不是喊出来的，一定是他有高智商，有一定的分析问题能力，这种阅读能力，你不能所有的事情都教练领着你、拽着你，教练不可能完成你所有球场上的动作，所以我觉得这一点作为现代化运动员来讲更需要。"郎平说。

但很多队员是第一次听到这个词，有些不知所措。"咱们国家运动员从小没有人教她们，"一直帮助郎平打理日常事务的姐姐郎洪告诉《人物》记者："比如说那9号特别厉害，但是她怎么厉害，她扣的什么球你接不起来，防不起来？她扣的是小斜线，那她什么情况下扣的小斜线，那是在她的球给了近网时，但是给的远网她就不可能扣出这小斜线来；给的这个非常长的球，她一定是扣直线，不能在斜线那儿等着她，那你直线不就挨揍了嘛，所以像这种因果关系就是阅读比赛……她们觉得我哪儿反应得过来啊，所以就是靠平时练嘛。"

一开始在训练馆，郎洪看得着急："哎哟，就叫费劲啊。你告诉她，她（对手）现在就要打直线了，她还往斜线那儿扑，那个直线'咣当、咣当'就那么砸……我说哎呀，我这老太太上场打去，我都不会像她那么'傻'。"但是郎洪注意到，郎平不厌其烦，一遍一遍重复，"每一句话都得传递给队员一个信号，你要是像他们那个（别的教练），我估计队员早毛了爪，不知道怎么办了，那得骂死了。但是这边还是在耐心地讲,还是在跟她们说。"

郎平会在训练中随时提问。你给我讲一下,到了这轮你应该怎么打?我在副攻怎么打?主攻怎么打?接应怎么打?等队员一一说完,她再总结。郎平希望用这种方式培养队员独立思考的能力,因为比赛时暂停时间很短,教练不可能面面俱到,她们必须自己做出一些判断,这就需要在平时的训练中养成独立思考的习惯。每天训练结束,队员们还要写训练日记。有人曾经反映,跟着郎导训练,身体上倒是能承受,但脑子实在太累了。

除了用自己的眼睛阅读,郎平也擅长借助外脑。上任国家队后,她借助了一款意大利的技术分析软件。以前的技术分析都是依靠教练人脑、手记,现在通过软件,可以瞬间计算出某个位置对手所有扣球的路线,然后根据这些数据布置防守、改变进攻。软件是全英文的,戴着眼镜的助理教练袁灵犀学会了这套软件并且运用到实战中。实际上,早在恒大女排执教时,郎平就为球队引进过一名土耳其的技术统计人员,当时就有人预言此举很可能会带动中国排球科研的进步。

这是郎平第二次执教中国国家队。1995年,她同样临危受命,回国出任主教练,当时的中国女排早已告别了"五连冠"时代,连亚洲冠军都不是,仅用一年多时间,她带领中国女排在亚特兰大奥运会取得银牌,并且为中国女排留下了助理教练陈忠和、二线队员冯坤等财富,成为日后女排"黄金一代"的重要角色。

2005年,郎平出任美国国家队主教练,当时美国队世界排名第八,起点很低,她用三年的时间让这支队伍在北京奥运会上获得银牌。"郎平相当擅长在比赛时做决定,她了解比赛的节奏,知道怎样组队最强,能很好地决定该说什么,何时换替补,首发队员是谁。她也相当聪明，富有勇气，在奥运会一开始就给了年轻队员很多上场机会，让她们积累经验。"美国女排国家队前自由人妮可·戴维斯对《人物》记者说，"她总会问我们对当前情况的想法，让人有种对训练过程的控制感和主动权，这样很棒。"

20多年前第一次回国执教国家队时，郎平曾说，一个优秀的教练员，也是一个军事家。如今，她更愿意换一种轻松的比喻，就像女儿小时候玩的拼图。里约奥运会半决赛对阵荷兰，郎平把12名队员全部用上，这在排球比赛中十分罕见。郎平明白节奏对于一个球队的重要性，她的换人和暂停很多时候就是在改变场上的节奏。央视特约解说员冯坤赞叹："郎导这种感觉非常好，有的时候她能比别人要感觉得早，有很多感觉也不是确实能说出来的，但是郎导知道这个球得怎么办。"

"就是教练也得阅读比赛，阅读对方，然后阅读我们运动员的发挥情况。"郎平说，"每一个轮次，哪些轮次我们相对弱，可能碰上它的强者，这时我怎么样换人。因为排球换人是有规定的，不是说无限制换人，所以你还得算计好，就是我到哪一个点换，你还不能换早了，换晚了也不行，就是要恰到好处。所以对于教练来讲也是需要非常多的阅读，而且要迅速做出判断，首先你就得对你自己的队员胸有成竹，另外，特别明白她的优缺点，这样的话，这个图才能拼好。"

阅读队员

组建这支年轻的国家队时，郎平形容自己就像是在拼拼图。

第一年，她把朱婷的名字写进大名单时，领队赖亚文根本没听说过这个姑娘。当时的朱婷只是河南二队的一个队员，郎平在恒大女排执教时见过她一次。有一年全国联赛，朱婷被河南一队借调上来打比赛，那时她年龄很小，水平也不高，但郎平发现这个小孩特别协调，因此记住了她。两年后郎平执教国家队，向河南队的一个队员打听，你见过朱婷吗，她这两年跑哪儿去了？

队员说她还在青年队。

她长高了？郎平问。

一米九了，比那会儿硬朗了。

听到这个回答，郎平决定让朱婷来试训。

每个教练员都希望自己的运动员越全面越好，但像朱婷这样的明星球员，全队也只有一个。对郎平来说，更重要的是如何发挥不同队员身上的特点，让团队形成最大的合力。

与以往的主教练不同，上任之后，郎平提出了"大国家队"概念，她从地方四处征调队员，每次集训名单多达二三十人，促进队内的良性竞争，同时也为下一个奥运周期储备人才。除了运动员，她还从几个省队调了六名男教练员，并请来美国的康复团队和体能训练师协助自己。

央视纪录片《转折点》的导演梁迈告诉《人物》记者，郎平曾在拍摄时对他说过，从某种意义上讲，举国体制对排球这个集体项目是有优势的，比如在美国，能调六个男助教过来吗，谁出钱？郎平在美国组建国家队时，要给每一个人发邮件问愿不愿意来国家队，第一天正式训练，只有八名队员参加，有的队员甚至在大赛前，因为失恋了就要退出国家队。但在中国，因为奥运奖牌可以计入次年的全运会成绩,再加上国家体育总局的协调,地方省队大多会支持。

当时的国家队没有副攻,郎平听说八一队有个孩子,袁心玥,身高两米,全国联赛队里没给她报名,因为她的各项系数太差。郎平想把她调过来试试,助理教练安家杰很不解,郎导,这得什么时候能用上啊,这也太软了吧?郎平倒是不着急,只是说,慢慢练呗。她重新教袁心玥扣球,把她的技术动作一点一点纠正过来。"不试你是不会知道的,也许我们会创造大家想不到的结果。因为现在中国副攻线上没有人了,必须要自己培养,辛苦一点也必须走这条路。"她曾这样说。

郎平也没有放弃老队员。颜妮27岁时才被招入国家队,因为郎平注意到,好几届全国联赛,颜妮都是拦网第一。有些球迷不解,难道之前的主教练就没看到颜妮拦网好吗?怎么郎导来了她才进国家队?郎洪听助理教练安家杰这样说过:"嗨,这些队员都逃不过郎导的眼睛,我们都看不上的,她都能看上,拿来一练就是星儿。"

"我觉得这拨队员挺幸运的,碰到郎导,可以把她们更多的潜能都挖掘出来,能够表现在这个赛场上。""黄金一代"的女排国家队队长冯坤对《人物》记者说,"我觉得这个是挺重要的,就是有些好的队员,但不一定能够被教练挖掘出潜能。每个人她不一定是说我传、垫、扣、发、拦都可以,有的时候就是把大家的优势发挥出来。我是老队员,我经验不错,年轻队员有冲劲,所以她们的变化我觉得也是在成长,她们的优势更加明显。"

但是面对一批充满个性、大多是90后的年轻姑娘,如何让她们发挥出各自的优势?当《人物》记者向郎平提出这个疑问时,坐在沙发里的她眼睛一挑,随后笑了起来,"我也在阅读她们",眼神中闪烁着得意和调皮的光芒。

2013年5月，新组建的国家队在体育总局排球馆进行第一次集训，《体坛周报》记者马寅在一篇文章中记录了那次集训的细节。郎平送给姑娘们的见面礼，是一张详细的调查问卷：说说你的性格特点，谈谈你的技术特点，你认为国家队在里约周期的奋斗目标应该是什么，你能为球队做哪些贡献，你希望教练在哪些方面给你更多帮助……

郎平希望通过这张问卷，提前阅读她的队员。在美国读研究生时，她学过运动心理学，明白对待不同性格的队员，应该采取不同办法。1995年第一次回国执教国家队时，她就已经注意到这一点。"她观察每个队员，从性格开始观察，做得非常仔细。"当时的国家队队员孙玥对《人物》记者回忆。孙玥性格开朗，说话直接。有一次跟日本队比赛，中国队打得很差，换场地时，郎平特别严厉地说："孙玥、吴咏梅你们想什么呢？再想你就输了！你要不下来休息一会儿，你不想打你跟我说！"孙玥好像突然睡醒了似的，再上场时就像换了一个人。

对待另一些队员，郎平又很注意说话的方式。曾经进入里约奥运会国家队大名单的自由人陈展，对自己要求很高，有时训练完在回宿舍的车上累得一句话都不想说。郎平总是鼓励她。"我也跟她沟通过，我说郎导，好像我打得不好的时候，你也没有说我啊。她就说，你不是说不想要、不想好，你是对自己有要求，这个时候了，我再说你，再给你压力的话，那你岂不是更糟糕。就是她能看出来每个队员的心理状况，我觉得这是她跟别的教练不一样的地方。"陈展对《人物》记者说。

因为腿上有伤，坐下再站起来有些困难，在训练馆，郎平通常会坐在一把比较高的椅子上,似笑非笑地注视着场上。二传传球没到位,主攻埋怨二传了,二传不敢传球了……队员脸上细微的表情变化,她都能观察到。而且她从不偏袒。里约奥运会,有一次在奥运村吃完午饭,郎平叫住朱婷一起下楼散步,她跟朱婷说,对队友一定要更有耐心,不仅做一名世界最优秀的主攻手,还要做一个优秀的人,我们都是离不开团队的人,只有优秀的团队才会成就出色的个人。

"我看她们还是挺准的。"郎平非常自信,"我自己本身是运动员出身,她们每一个运动员在一个什么样的位置,我会感觉到,你比如说新队员刚来她是一种什么心情、打替补是什么心情、打主力是什么心情、打好是什么心情、打得不好或者队友有什么看法……你完全可以阅读出来,有时候她虽然不说,但是她的这种表情,她的这种表现,瞒不过我们的。"

什么是拼搏

在国家体育总局的食堂,女排队员往往是中午去得最晚的。上午的训练经常到一点半、两点才结束,等她们去吃午饭时,很多食堂师傅因为等得太久,已经趴在桌上睡着了。

训练中,郎平要求严格,崇尚完美。她经常是最早到达场馆的。她亲自看录像研究对手,画下对手的进攻线路图。尽管有伤在身,她有时也会上场打防守。"你知道吗,她这么大年龄的人了,但是她打的球是我们所有教练当中最难防的球。"参加过多次集训的陈展说,"特别害怕,就是她每次一上场,我的天啊!我说郎导怎么又来打，她一打我就觉得这球好像不好把握、下不来的那种感觉。因为她的手腕速度特别快，你判断不出来她要打哪儿，她就稍微有一点小小的动作就让你很难受。她球不重，但是她打的点，还有手腕动作特别好，球速很快。"

郎平做运动员的20世纪80年代，中国女排讲究的是从严、从难以及大运动量，最长的一节训练课，郎平不吃不喝练了七个小时扣球。出国比赛，坐飞机时间稍微长一些，主教练袁伟民就让她们去机舱后面练蹲，只争朝夕。

郎平的姐姐郎洪曾经是一名篮球运动员，她觉得那时的女排是三大球中练得最苦的，"它为什么苦呢，因为它是学的日本那种训练方式，要把人练到极限，练到你的神志不清楚了，你才能有身体记忆"。

那时排球的规则也与现在不同，不是每球得分，而是有发球权才得分，比赛没有时间限制，两支高水平的球队一打三四个小时都有可能，因此训练时体能达到极致，才能承受这种比赛的压力。1998年之后，为了减少比赛的中断次数，提高比赛的精彩性，排球规则改为每球得分制，加速了比赛的进程，不再追求体能的极限。但那时的中国女排又陷入新老交替的低谷，训练压力依然非常大。冯坤曾在自己的硕士论文中把2001年开始在国家队的时间形容为"痛苦的炼狱生活"，练球练到看到圆的东西就想吐，包括吃饭用的盘子，看到都没胃口，有几次训练结束，冯坤在餐厅吃着晚饭就打起了盹。

郎平不是大运动量的追随者，她遵从科学的训练方式。刚到国家队时，朱婷身高1.94米，体重只有70公斤，郎平一直控制朱婷的起跳次数，她在美国学过运动科学，知道朱婷正是发育的时候，身体软、骨头脆,没有经过国家队这种高强度,很容易练坏,必须先把肌肉练出来,才能正常训练。郎平很少让朱婷在课后像惠若琪她们那样加练,而是给她安排上肢力量的训练,并且增加营养。第一堂训练课以后,郎平拿出从国外背回来的蛋白粉,嘱咐朱婷每堂课后都要喝一大杯,还经常不厌其烦地在午饭时提醒:"朱婷你得多吃蔬菜。"这种母亲式的关怀让朱婷至今记忆深刻。

几年以前,郎平的蛋白粉也曾温暖过另一个女排姑娘。结束与美国国家队的合约后,应许家印之邀,郎平在恒大女排担任主教练,这是国内第一支真正意义上的排球职业俱乐部。周媛在那里担任过主攻手:"我们有时候训练,我把手戳了,或者把脚崴了,'媛儿,你下来以后,上我房间。'给你点美国那种高科技的,不知道是什么那种,比方说保健品或者是治疗的用品啊,告诉你,你吃几粒,或者是你怎么着怎么着,她会告诉你。"周媛对《人物》记者说。当时她只是队里的替补,郎平的举动让她深受触动:"你就感觉,我又不打球呢,是吧,这个东西留给主力吧,她不是,不管你是什么人,你只要受伤了,她都会亲自嘱咐,包括你戳一下手指头,这么小的事,她也会这样。"

如今的周媛也是一名排球教练,队里的小队员生病时,她不会再有"是不是装的想偷懒啊"这种想法。改变来自郎平的影响。"咱以前的观念就是说,一旦你有一些伤病问题,咱们就要说发扬女排精神,你要坚持,但是在郎导这儿不是。是,你要坚持,但是你首先要在能保证你第二天训练和保证你长久能训练的情况下去坚持。"有时她练完了,第二天跟郎平说:"郎导,我这腿肿了,有点反应。"郎平就不让她再跳了,但也不是回房间休息,而是换成跑或者其他身体部位的训练。但过去在基层运动队的时候可不是这样。

"教练，我这块儿疼。"

"能坚持吗？"

"坚持吧。"

竞技体育的美在于人类不断挑战自我的极限。郎平并不鼓励带伤坚持那种老式的突破，但她鼓励运动员挑战自己的年龄极限。

被郎平招入恒大女排时，周媛已经退役去复旦大学读书，她27岁了，身高1.8米，本来就属于条件不好的，又已经过了运动员的黄金年龄。"就感觉我还能成什么样？我还能好成什么样？我还能好于我的巅峰时期吗？"但是郎平一视同仁，要求严格。

有一次，郎平带队员去香港看排球比赛，场上的泰国队擅长小、灵、快的打法。郎平突然特别兴奋地对周媛说："媛儿，你看到了吗，你看她都可以打成这样，你比她跳得高，个儿比她还高，你还怕你打不成吗？回去咱们好好练啊！"周媛非常感慨："就感觉我都这个年龄了，郎导你还要发掘我吗？她给你一种观念上的刷新，咱们国内好像二十多岁快三十了，肯定就不行了，但在她来说，不管你这个年龄怎么样，你都有进步。"

仅用了三个赛季，恒大女排就登上全国联赛的冠军领奖台。对于周媛来说，这个经历在以前几乎不可想象。"可能以前，我从省队下来，我就是一个默默无闻的，然后我去上学了，可能我就回到地方了，参加工作了。但是有过这么一段经历，我就觉得我和其他人不一样。"

在郎平的词典中，拼搏不是无休止的训练，心灵鸡汤式地表决心，而是科学与实干。不过有的时候，她也会用话激一激队员："偶尔啊，偶尔啊，人特别困的时候给点心灵鸡汤鼓励一下。"她笑着说。

在美国国家队执教时,郎平的队员大多受过高等教育,领悟力高,但是过于自我。有一次对阵古巴,美国队落后以后,比分"哗啦哗啦"往下掉,队员们似乎已经放弃了。那次郎平真的生气了,她特别严肃地说:"你们都当运动员,运动员最忌讳的就是放弃,我带队就有一个特点,不管多困难,你都要尽自己最大努力,你们不是老说'Do your best'吗,是吧,你们这叫best啊?你们美国人每次唱歌手都放在这胸上,你们多爱国啊,你看你们的衣服上全挂着美国国旗,真正打的时候,你想的你是代表美国吗?你代表美国你就这样啊,我都替你不好意思。"

"体育啊,没有什么,就是黑与白,今天咱两家比赛,肯定一个赢一个输,没有说咱俩平。我做教练,我就得直截了当,你这个不对或者不够,我们要提高,我不能说,哎呀,你太好了,完了你本来不够,我说哎呀,没关系,你太好了,是没关系,最后全输球。"郎平对《人物》记者说。

知识分子气质

当人们对这位屡次创造奇迹的人不吝赞美的时候,不应该忘记,郎平也是一位从20世纪80年代"老女排"时期走出来的运动员,能够有这样的成绩和视野,是她不断自我修正的结果。

1987年,郎平放弃了被安排的稳定工作,到美国新墨西哥大学体育管理专业读研究生。在大学球队当助教时,刚开始她只会对学生说一句话："这不对，这样做不对。"队员很奇怪，怎么从这个中国教练嘴里说出来的都是不对。而美国大学球队的主教练劳尔说的是："很好，你这个动作不错，你再体会体会。"或者是："还不是很好，你再试一遍，你一定会更好。"性格一向大大咧咧的郎平开始注意说话之道。

早年在中国时，郎平的生活中只有排球，一输球，就有一个巨大的问号在她的脑子里冒出来：怎么向全国人民交代？她问大学球队的主教练劳尔，在美国队打球压力大不大。劳尔说，人的能力有大小，他扛四十斤，你只能扛三十斤，三十斤对于你是极限，你扛住了，你就是成功者。

或许是受此启发，郎平1995年第一次回国带队，常跟队员讲：一个队又有主力，又有替补，如果拿了冠军，不能说主力就是成功，替补就不成功；能进国家队，说明你是个优秀选手，要争当主力，当不上也要促进发挥更好的作用，一个队员能做到这一点很不容易，如果做到了就是成功者。

当时，每隔一两周，郎平会让队员看一部电影，或者带她们去打保龄球，去射击场让王义夫教打枪。出国比赛一定和她们一起参观名胜，给她们时间购物。她觉得优秀的运动员应该了解世界，有综合的素质，她的生活也不应该只是打球。

十年后，在美国国家队的执教经历让郎平更加拥有国际化的视野以及应对复杂情况的经验。起初，郎平和队员经常会有一些小冲突，后来她调整了自己的方式。"我想她更加适应重质而非重量的训练方式，也调整了训练时长。她也慢慢理解了什么能激励队员，或是帮助她们高兴起来。"妮可·戴维斯回忆，"比如，当郎平刚来美国队当教练时，我们在比赛前不允许听音乐。而现在，即使是中国队员在赛前都会听音乐。她注意到这些点滴小事，并做出改变：场下开心训练，场上快乐比赛！"

在一些人的眼中，郎平身上具有知识分子的气质。"她是特别喜欢学习的一个人，喜欢接受新鲜事物，她要是不喜欢学习，她也不会去美国上学，包括她后期去意大利，她自己学意大利语。"冯坤说。退役后，冯坤选择去北京大学读研究生，"我觉得从郎导身上会学到很多，就是一个运动员他并不是说只靠他的身体打球，他一定得靠脑袋打球，是全面的素养。郎导她从赛场外，包括学习，包括补充自己，善于总结或者是看到问题如何去解决，这些方面并不是说你天天训练就能练出来的，而是需要其他一些知识，包括你的解决问题的方法"。

郎平一直追随知识。在她的自传《激情岁月》中，曾经和郎平搭档执教国家队的张蓉芳回忆，郎平第一次回国执教时，看的很多都是原版的英文书，克林顿、撒切尔夫人、乔丹的传记，还经常念给队员们听。郎平说，喜欢读书的习惯源于她的中学时代。1976年唐山大地震，北京同样受到影响，不能上课，也不能练球，没事干，她就天天借书看。

郎平曾经给女儿请的保姆，是一个读过大学的菲律宾人。郎平现在的丈夫，是社科院历史所的教授。她不强求队员读书，但要求她们多动笔写东西，比如训练日记，提高逻辑思维的能力，而且是在纸上而非用iPad。

里约夺冠回国后，2016年9月6日晚上九点半，结束了一天的社会活动，郎平给队员们开了最后一次会。里约奥运周期的中国女排已经完成了历史使命，第二天，国家队即将解散。郎平叮嘱大家回到省队后要注意休息，保护好身体，避免受伤。因为回来后的行程实在太忙,这一次她没有再布置大家写书面总结,但她希望队员记住这三年来的经历和体会,这将成为她们今后人生的宝贵财富。

伴随着国家队的解散,郎平的身份也变成了前主教练。下一步,她的计划是去美国治疗伤病。是否跟排管中心续约,执教下一个东京奥运周期,成为媒体最关心的问题。尽管没有明确回答过,但在言谈之中,郎平流露出退意,一家媒体在评论标题中写道:"如果郎平不续约,请珍惜她留下的财富。"

崔健

一无所有三十年

直到今天,《一无所有》仍是中国传唱度最高的
一首摇滚歌曲之一,但鲜为人知的是,
作者崔健以及中国摇滚音乐人在这三十年间经历的迷茫、
挫折以及探索。
如今,摇滚乐依然不是大众的选择,
但经历过这些的中国音乐工业不再一无所有。

一首公有化的歌

对于崔健而言，从1986年《一无所有》诞生之后，这早已不是一件会让他感到惊讶的事，因为他知道，大家已经把这些歌当成自己的。坐在他的演唱会第一排的，很多都是生于20世纪五六十年代的企业家。在创业最艰苦的日子里，他们在工厂里放着《一无所有》。20世纪90年代的体操奥运冠军李东华在瑞士艰苦训练的五年里，听的也一直是崔健的那首《假行僧》。

2016年8月25日，北京东三环附近一个老小区的剧场中，崔健举行了一场新闻发布会。2016年是《一无所有》问世第30年，9月30日，他将在北京工人体育场召开演唱会。当有记者问起他对《一无所有》的看法时，崔健认为这首歌带给他非常多，"甚至有很多人说老崔这首歌就是借用老崔的手去写的，完了我自己也不想否认这个东西，因为每个人都把这首歌私有化了……听到这首歌，都已经想到自己的故事，或者想到了他第一次听到这首歌的状态"。他说。演唱会的场地由马岩松设计，这位生于20世纪70年代的著名建筑设计师工作非常投入，却只收取很少的费用，崔健明白，马岩松和王健林对他的作品有着同样情结。

和所有伟大的歌手一样，崔健创作出大量能够紧紧抓住民族情绪的歌曲。无论是《一块红布》《花房姑娘》，还是他最著名的那首《一无所有》，对于中国人而言，它们都具有巨大的共情能力。这种能力在今天仍没有消退。2012年12月，《人物》记者曾经跟随崔健和他的乐队去大连参加他的演唱会，演唱会结束后，记者听到一个乐手悄悄对另一个乐手说，演奏《一块红布》时他哭了。就在几天前，这位乐手还曾因为排练和较真的崔健发生不快，但在演唱会上，他与老崔和解了。崔健也知道乐队有时会对他的苛刻不满，但他明白是什么吸引着他们，"起码我们团队的人对这首歌的感情大于对我个人的感情"。

崔健是一个从没上过春晚的艺术家，在某种程度上，这让他的走红像个奇迹。自1993年他为亚运会集资的全国巡回演唱会在珠海被迫叫停后，崔健便被拒绝在全国大型演出场馆外十年之久，他有十二年没有登上过北京的重要演出场所。

"从来没有对摇滚歌手有过任何具体的禁令，但当你向当地政府申请演出时，他们都会一拖再拖，没有人愿意为这件隐含着危险的事情承担风险，一切变得遥遥无期。"早年经营过魔岩三杰的大陆经纪人牛佳伟说。

但这些都没能让中国遗忘崔健，就像在一个突然开放的时代体会到绝对自由的强度，从此便终生难忘，"因为人们有更大的压抑，所以人们觉得这种自由可能更加珍贵"。崔健在发布会上说，他的那些歌正是那样一个点爆器，"人们不会记得他们压抑有多大，会记住那个自由的瞬间"。

崔健出生在一个军人家庭，原名崔建军，他的父亲遗憾儿子没能在八一建军节那天出生，干脆把他的生日从8月2日改为8月1日。

从14岁起,崔健就接受了严苛的小号训练。"当时在中国,人们很难理解小号是一种需要在肌肉放松时才能演奏出美妙乐曲的乐器,大部分中国的小号老师相信你必须先让嘴部肌肉变得发达才能吹得洪亮"。崔健乐队的前鼓手贝贝说,他与崔健成长在同一个文艺大院。"嘴部肌肉往往是一个非常难以锻炼到的部位,为了不断地刺激它,很多老师会用一根绳子把小号悬挂在你的面前,你不能用手去握,必须完全用唇部力量撑住小号吹奏出乐曲,这让音乐训练变得像一种体罚"。

1978年,崔健成为北京歌舞团小号乐手。当时"文革"刚刚结束,大部分行业停留在十几年前。中国官方的演奏乐器都是不插电的,摇滚、流行、爵士这些现代音乐领域一片空白。

崔健所在的北京歌舞团按当时仅有的文艺形式将团员分为古典与民乐,"崔健负责古典弦乐的小号部分,但这并没有占用他的太多时间,因为他是第三小号,一般一场演出只需要一把小号,他不经常上场"。与他在同一个团的前定音鼓手周亚平说。

面对团员们的空余时间,周亚平很快想出了赚钱方法。他把目光放在大批因改革开放而来到中国的外国留学生与专家身上,与外交人员饭店这种专门为外国人提供住宿餐饮的机构接触,自组小乐队,为他们演奏日本、欧美电影里的歌曲。崔健因为能出色地用英文演唱《草帽歌》而被邀请进来。

当时大部分歌手都是民乐出身,只会李谷一或蒋大为的唱法,但崔健不同。"他能非常准确地模仿那些英文歌手的唱法,这在当时很少见。"周亚平回忆,因此,他与四川一家磁带厂合作,为崔健出过一张翻唱专辑。很长一段时间,大陆的音乐生意都是由专业音乐人士将港台与欧美流行磁带里的谱子记下来,通过管弦乐、民乐或者木吉他伴奏，由本地歌手演唱，以拼盘方式出版。

1988年，周亚平发现了"囚歌"，由于囚歌的真正演唱者并不出名，而同样有过监狱经历的迟志强因为一部自传电影走红，因此周亚平把"囚歌"的演唱者与词曲作者写了迟志强的名字，这种营销方式让他获得巨大的话题度，据他回忆，这首歌在一个月内赚了600万。而在2004年的手机SP音乐业务热潮中，周亚平与《两只蝴蝶》的词曲作者签下所有版权，让自己成为能够控制这首歌的真正主人，然后找到庞龙演唱，将这首歌推向SP潮流，获得2000万收入。之后，周亚平果断与庞龙分手。"他特别努力，"周亚平回忆，"《两只蝴蝶》后，他对自己的要求变得特别高，他想成为王力宏，有自己的乐队，能写R&B，但中国怎么可能是这种音乐环境，他怎么会是王力宏那种歌手？方向错了，什么都完了。"

在中国音乐界，周亚平无疑是一个身段柔软又认得清形势的人，不做与潮流和现实对抗的事。和他在20世纪80年代起点相同的崔健，却选了一条极为艰难和超前的道路。

刺激性的声音

回忆起第一次听到摇滚时的激动，崔健把它比喻为"跟来电的爱情伙伴一样"。"基本上是本能的吧……你要没感觉才是有问题"。

那是20世纪80年代，西方摇滚乐特别是重金属潮流的鼎盛时期，包括崔健在内，很多文艺大院里的年轻子弟被这种从未在中国出现过的声音吸引。通过电音吉他、贝斯、鼓，经由通电的效果器产生变形失真的声音带有一种荷尔蒙式的刺激，在一个只有古典乐与民乐的国家，这给他们带来极大冲击。

刺激性声音是从那些外国专家与留学生带来的磁带里听到的。因为交流只限于专业人士之间，当时只有对口文艺大院里的年轻人与艺术院校的学生能够接触到摇滚、当代艺术这些西方文化。

因为磁带听的人太多或者从大洋彼岸带过来的时候就已经破损，有些连封面都没有了。崔健曾经与年轻音乐人分享过一个贫穷、遥远但也美丽、富足的故事：在那些与音乐独处的静谧夜晚，崔健一边听着这些不知道哪里来的音乐，一边在脑海中幻想它们会有什么样精彩的封面，激动得实在忍不住，在白纸上，他开始用笔为它们重新画了封面，来自他想象的封面。

"摇滚乐产生的五六十年代，也是Teenage（十几岁的年轻人）这个单词第一次在西方消费文化中出现的年代，那时正好是战后婴儿潮出生的孩子成长起来的时代，社会极大富裕，十几岁的年轻人第一次拥有可以支配大量财富的自由，他们因此在文化与消费上都有了发言权。"著名电台DJ有待说。

除了财富积累，一方面，摇滚乐也诞生在西方现代音乐工业发展到较高水准的时代，音响、乐器与效果器分类已经非常专业，并且昂贵，一把中等的电音吉他在两万人民币左右；另一方面，摇滚乐需要非常成熟专业的演出场所与现场音乐技术团队。这些都是当时现代音乐工业基础完全为零的中国所缺失的。

不过，激情从不会让年轻人在意这些困难。迷恋上这种通上电就会变得很酷的声音之后，他们从歌舞团仓库里找到了少量用于国家研究但极少会使用的电子乐器，自创了一种"扒带子"的学习方法：一遍一遍去听欧美磁带里某个自己感兴趣的乐器发出的声音，一点点把它记录下来，在乐器上不断弹拨、揣摩，渴望发出一样的声音。

在当时，由境外人士私人带来的港台与欧美歌曲受到极大欢迎，但因为无法进行版权引进，海外唱片公司没能通过正规途径把这些专辑带到大陆。外语很好、在涉外旅行社做导游的曹平为中国摇滚乐手翻译了大量外文学习资料，他狂热地痴迷于理论研究与翻译工作。1993年，崔健获得北京迷笛音乐学校的教师工作，那时他正在做乐器与和声方面的研究，困扰于西方摇滚磁带里的和声太复杂了，而且弹得那么快，中国人根本不知道这些声音是怎么组合到一起的，曹平希望用学校里的电脑开发一款机器，把西方摇滚乐的声音输入到机器里，就可以分析这些声音，再用各种不同的颜色和线条把这些声音与技术绘画出来，最后变成手势，方便乐手们模仿学习。

很大程度上，这种学习和研究都仅仅是表象上的，很少有乐手能真正从现代音乐的思路认识为什么要演奏和如何演奏，这让一切最后变成一种死磕。唐朝乐队的吉他手老五曾有三年时间住在主唱高旗家中，封闭自己苦练吉他，每天长达15小时，他当时渴望超越的是一个叫"范海伦"的美国乐队，范海伦在当时被认为是吉他演奏最好的乐队，"如果能够弹得比他还好，那么你一定就是世界级的。"老五告诉《人物》记者："当你有了这个目标，你觉得每天你都太忙了，你必须抓紧练习抓紧练习，你要快点赶上他们。"长期不得要领的学习中，老五走火入魔，很长一段时间，在演出之前，他都会把自己的吉他放在高处，跪在地上磕头，当作自己的神。

"在当时，人们对吉他的学习有很大问题。"崔健的乐手刘玥说。不需要认识谱子，电音吉他的演奏通过指法模仿便可以掌握，很长一段时间，这导致很多乐队的吉他手根本不懂电音吉他的乐理知识，只着急地去追求指法熟练、手势模仿与弹奏速度，这让他们的技巧只是停留在一种表象上的炫耀：弹奏的速度越来越快，指法越来越熟练，但从审美与乐理上没法理解为什么音符与音符要这么组合。刘玥认为，他们的技术仅停留在复制外文磁带里的弹奏，因为没有掌握基础乐理而无法深入下去，很难用它进行创作或者即兴表演，最后，仅限于根植于青春荷尔蒙层面的表达，陷入一种对形式感的疯狂盲目追求中。

"在音乐上，我们当时一味认为不失真、不通电就是不好听的，那根本就不叫摇滚乐。"成立于1989年的面孔乐队的鼓手欧洋说，非常多的年轻人仅把摇滚乐理解为一种声音一定很大，需要很大力气的音乐。曾经有一个乐队的鼓手，被主唱喜欢的原因是每天不打鼓时他都会做俯卧撑，主唱认为，如果想要做摇滚，必须身体强壮，力气大。

在这种对形式感的追求中，西方摇滚分类里重金属这一极为追求形式感与感官刺激的重型音乐很快在中国获得了大量拥趸。重金属不但在音乐上具有自己独特的辨识度，同时还有显著的外形标识，大量的年轻人纷纷留起长发，佩戴金属配饰，穿上黑色皮衣，在外形上效仿这些欧美乐队。

除了形式感，在欧洋看来，重金属在中国流行还有一个很实际的原因。当时大部分中国人没有独立创作摇滚音乐的能力，重金属的节奏强烈、钝重清晰，歌词很少，比起其他音乐，很多中国的创作者可以很容易地把英文直接换成中文嵌入到重金属的节奏之中。大部分摇滚人直到现在，其创作仍是从国外的磁带copy一段节奏，然后填上中文歌词。

和同时期的摇滚乐手略有不同,崔健当时迷恋的并非重金属,而是在北京歌舞团时期就接触到的爵士乐,它的自由与即兴让崔健相信不应让演奏方法成为艺术家的压力。"之前的古典音乐就像是写毛笔字,拿起笔,腰就要挺直,但对于爵士乐而言,方法是自然的,爱什么样就什么样。"崔健说。

但崔健对爵士乐的推崇也并没得到他的乐手们的肯定。"爵士精神讲究在一种完全信任的演奏里,乐手之间达到一种即兴偶然的表演效果,在创作层面上,他们每一个都是平等的。"崔健乐队前鼓手贝贝说,"但我们实际上很难参与到崔健的创作中,他在这方面需要你完全按照他要求的感觉与风格去演奏,不会允许你在编曲上有太多发挥。"在贝贝看来,崔健更多看重的是爵士演奏者高超的技巧与出色的应变能力,爵士演奏者可以很好地解决演出现场可能发生的大部分问题,崔健更多只是在实用层面上选择了爵士。

商业下的魔岩三杰

陈庆是崔健第一张专辑《新长征路上的摇滚》的录音师,为中国歌手录专辑的时候,他最常听到的一句话是:"我的声音一定要大"。"中国人喜欢听非常分明的solo,希望歌手的声音和背景音乐有明显的分隔。"他说。

录音师李泳斌在英国系统学习过录音与混音,在他看来,之所以形成这种特殊的音乐趣味,是因为中国的传统乐器都是solo乐器,单独演奏非常好听，但放在一起会出现问题。这让中国人在接受西方摇滚乐时从演奏到录音上都面临问题。西方现代音乐更多从音色这个单位上去思考，认为歌手的音色与吉他、贝斯、鼓都是平等的，都是一种音色，作品以这几种音色的碰撞、混合进行创作，录音也是同步完成的。

《一无所有》是中国第一张用电音贝司、吉他、鼓等插电乐器录制的专辑，此前，这些乐器极少在中国大众面前出现。三到四种乐器和人声同时参与录音需要非常复杂的技术和至少24轨的设备，单纯鼓就拥有6个不同声部的音色，需要6条音轨。由于这些声部发出的声音都不相同，又靠得很近，给当时中国的录音师提出了很大难题，录音师完全不懂麦克风如何摆放到正确位置，也不会使用技术手段把乐器里的其他声音过滤掉，只能分声部一遍一遍地录音，最后再合成。相比摇滚乐，大陆流行音乐较多使用Midi合成器或电脑进行编曲，再让歌手在编曲的背景音乐下演唱，两条音轨就可以完成录制。

为琢磨录音技术与乐器演奏，崔健把录音棚当作排练场，他的第一张专辑录了一年时间。"这并不是一件容易的事，"陈庆回忆，"这个录音棚属于中国旅游声像出版社，为了录制面向国内外的中国旅游风光，我们从海外进口了一套有24音轨的录音设备，但在当时，没有人明白如何用它录摇滚乐。第一次录完之后，崔健便否定了所有的录音成果，这类事情反复了很多次。"《一无所有》录音过程中，因耗时太长，崔健曾经被声像公司从录音棚里赶出去。

摇滚需要出现在更成熟的音乐工业下，在当时，因为中国大陆毫无根基又缺少这种复杂、昂贵的器械和设备，比起中央歌舞团的谷建芬以民乐的基础着力发展一批通俗歌手如毛阿敏、那英、陈琳，大陆官方和主流音乐公司从未把摇滚乐当作发展的重点。

但为台湾地区滚石公司工作的张培仁第一次到北京，听到台湾地区不常出现的摇滚乐时，他受到了极大触动并且看到了商业机会。

20世纪90年代，已经在台湾地区发展了十年的滚石唱片开始面向全亚洲的扩张之路。由于台湾地区的公司在大陆很难注册，当滚石公司1992年向大陆渗透时，他们并没有在大陆试着成立公司或者分部，只派出两个工作人员——张培仁与贾敏恕来大陆发掘音乐人，再让音乐人与滚石下属的魔岩文化签约。

张培仁是魔岩的经理，英文名叫Landy，是美国摇滚巨星Bob Dylan（鲍勃·迪伦）名字的变形。与大陆不同，台湾地区一直与欧美流行乐坛的发展保持联系，从中挑选出了适合自己土壤的风格，李宗盛等人更多受到约翰·列侬与鲍勃·迪伦这种相对舒缓、口语以及生活化音乐风格的影响，这与大陆忽然打开大门就受到重金属的强烈刺激，并且认为那才是最棒或者最值得学习的先进音乐截然不同，台湾地区没有太多硬核与重型的音乐。

滚石在台湾地区是个以制作"民谣"起家的唱片公司，在北京，张培仁很快按照这个思路挑选了魔岩三杰：父亲是著名二胡演奏家的何勇、陕北游吟诗人张楚和北京人窦唯，同时，他选择了"唐朝"这个带有一些民乐色彩的乐队作为重金属摇滚乐队签约。

滚石斥巨资为他们制作了放到现在的大陆也依然是天价的专辑。录音时，滚石使用了在大陆第一次出现的技术：所有乐手同期录音，在录音棚里，吉他、贝斯、鼓各自在自己的小房间里，按照统一的节奏点，同时演奏。如果有任何一个人错了，所有人重来一遍。这对乐手的默契，以及每个人对技术的掌控，都提出了很高的要求。魔岩三杰专辑的所有混音与后期都在台湾地区完成，滚石还为他们拍摄了昂贵的MTV，唐朝的一首MTV拍摄费便在100万以上。很多大陆工作人员看到这么多台湾人在现场，认为是在拍"反动"题材的"黑电影"，很长一段时间，没有专业工人愿意接这些拍摄。

尽管有了精良制作，但是对于大陆摇滚歌手而言，这些制作方式并不是他们可以适应的。

张楚完全不能用正确的音乐语言去告诉乐手他需要的声音。张楚之前想当诗人，他没有办法告诉乐手，这个鼓几小节、几小拍应该是什么样子，他只会说，我想要吃饱饭了的，想晒太阳的一个东西，是要一种满足，而不是昏昏欲睡的感觉。"这常常让乐手一头雾水。"当时让张楚住在自己家的DJ有待说。

当何勇回忆起如何创作第一张摇滚乐专辑时，他把自己比作20世纪60年代闭关在家十余年，专注研究"哥德巴赫猜想"的数学家陈景润。"我当时完全不知道外面的世界正在发生什么，摇滚乐就是我的全部生活。"他说。

何勇当时模仿他的偶像英国摇滚乐队Pink Floyd，用一种不加任何修饰、完全从嗓子里费力呐喊出来的声音。录制专辑时，他从早上一直唱到第二天凌晨三四点，为保证不出现饱食后的疲倦，维持音色统一，他在这一天内不会吃任何东西。拍摄《垃圾场》MTV是在一个正在施工的工厂，不断有土和风吹进何勇嘴里，其实他只要跟着对口型就可以，但他还是非常投入地大声把每一个字都唱得很清楚。他完全不认为自己只是在拍摄一支MTV，他看上去像是正在面对观众演一场充满感情的音乐剧，而他是绝对的主角，牛佳伟说。

牛佳伟记得，拍专辑封面时，魔岩三杰也表现出了对大陆市场现实的无视。为考虑市场接受程度，台湾人希望封面以正面肖像为主，但窦唯坚持要在《黑梦》封面上使用一张由一个摄影师朋友在影棚里为他拍的照片，照片上，窦唯蹲在地上，抱住膝盖，头埋在了膝盖里，完全拒绝让别人看到自己的脸。封面很难起到宣传作用，很多正规的发行商不愿接受。

不知道是紧张还是不愿意配合，张楚完全不能直视镜头，根本拍不到一张合适的照片，最后，专辑封面只能选了拍《孤独的人都是可耻的》MTV时摄影师偶尔抓拍的剧照，在那张照片中，张楚面前有个柜子，柜子上有个镜子，摄影师拍到的也是从镜子里反射出的张楚，而不是直接的张楚。

1994年，滚石对魔岩三杰的著名营销是香港的红磡演唱会。这场演唱会让魔岩三杰与唐朝在那几年成为真正的英雄。在西方，摇滚音乐人的生活方式一直跟一种富裕时代的生活方式联系在一起，这种"国际化"的成功也让中国摇滚明星开始按照西方摇滚明星的生活方式对待自己。圈内人说，唐朝乐队一次与滚石唱片在北京王府饭店的一顿午餐便花了一万多元。这很快让周围人感到不爽。

尽管滚石为魔岩三杰提供了顶级制作，但当滚石与这些在商业环境中显得极为幼稚的大陆音乐人接触时，仍保留了来自发达市场的商人的精明。

从一开始，中国摇滚乐就是对七八十年代欧美音乐的模仿，一些中国音乐人也只是单纯地看到了技术与设备的部分，他们把对于技术的追求当作自己能够做出西方水平音乐的重要途径。与中国摇滚乐歌手接触时，滚石很快明白这种心理。由于大陆长期没有版权制度，面对这群商业意识一片空白又非常自我、满怀信心的创作者，滚石以非常残酷的方式交换了他们的所有版权与演出代理，"滚石只是用了李宗盛与罗大佑使用过的二手吉他、贝斯与鼓，便轻松换来了唐朝乐队的版权合同"，帮助崔健与魔岩三杰等人翻译过一些英文合同的曹平说，大部分乐手与摇滚明星当年并不能勇敢地在一个新社会适应个体艺术家的生活方式，他们很多人仍十分向往去一个固定单位，按时领取工资，然而，由于摇滚乐与大部分音乐都不一样，并没有一个国家的演奏单位会真正需要他们。当掌握了这个心理，滚石像对待一个社会主义国家计划经济时期的工人一样对待了他们，除了二手乐器之外，滚石还在合同里保证每个月会支付他们800元工资，而滚石在大陆根本没有注册，这些工资也在两年之后，他们悄无声息地离开之后再没有支付。但他们用这些获得了唐朝与魔岩三杰所有的版权，他们既不用花大价钱一口气买下他们，也不必在之后做出任何演唱会与唱片收入上的分成。"我现在再回头去看家里的这些合同时，我觉得可笑极了。"曹平说，"这就是他们后来对商业与商人不可原谅的态度，窦唯从此反复把和台湾人的合作称为一场阴谋，拒绝和任何人合作，坚持做一种自己可以完全完成的小众音乐。"

失落

　　盲目追求技术以及缺乏商业意识并不是滚石及大陆摇滚乐手在大陆市场上难以生存下去的首要问题，在当时，更大的问题是技术与设备的普及程度。

红磡演出成功之后,如何在大陆市场把这场演出复制下去再赚到钱,成了一个困境。由于摇滚乐这种现场音乐需要更考究的演出设备、技术与现场,在当时,除了北京少数艺术团可以提供设备租赁之外,在二三线城市,根本无法找到适合摇滚演出的音响以及其他器材。

1993年,崔健曾参加过一场在石家庄体育馆的摇滚乐表演,那场演出还有黑豹、指南针等当时几个著名的乐队。演出商李季花了几万元租下场地,还从北京用卡车拉去了一百多个有不同功能的音箱。那场演出的票价定在12元、10元、8元、6元这几个档次,很快,票价引起物价局的注意,他们出示了一份演出管理规定,为防止乱定价,国家甲级演出团体也只能售票5元。在当时,马季、姜昆这种相声团体是主要的甲级演出团体。当地演出公司也不能理解为什么这种演出需要一百多个音箱,"他们的第一个反应是,赵本山来我们这儿,四个音箱就演了二十多场。"李季说。这场演出后,李季赔了很多钱,他卖了两千多张票,欠了一万多的场地费,被当地公安拘留十五天。

与流行音乐相比,摇滚乐不容易拿到演出证。"在当时很多人眼里,摇滚乐不是正常人做的事,为了拿到演出证,我当时花了11万,流行歌手根本不用这个价格。"李季说。摇滚之前更多只存在于精英小圈子中,进入大众市场后,它很难拿到赞助,"你跟企业说,他们都不认识,好不容易找到一个认识窦唯的亲亲八宝粥,结果人家并不愿意拿出现金,只给了你十万元的八宝粥。"

1994年,唐朝乐队的鼓手张炬骑着一辆模仿哈雷的本田摩托在大雨中与卡车相撞致死,滚石在大陆的违规经营因为这件事走到了终点。张培仁与贾敏恕不告而别,在台湾地区以魔岩的思路做了莫文蔚、杨乃文、张震岳等偏独立的音乐人。

四年之后再次回到大陆推出新歌手组合羽泉时,滚石从一个激进革命者退回到稍有创新但整体偏保守的商人。它在大陆注册了新公司,启用了"超载乐队"的演奏班底包装了羽泉这个流行乐组合,一方面,羽泉在音乐制作与演唱会方面使用乐队班底,另一方面,在商演时则广泛采用流行乐坛惯用的伴奏带形式。这种专业伴奏与高水平制作迅速让羽泉取得成功,但他们在商演市场上又不会像魔岩三杰那么纠结,很快将名气兑现为大笔演出收入。

对摇滚歌手们而言,更具杀伤力的是一股包装歌手风潮席卷中国。伴随南方经济腾飞,沉寂许久的广州白天鹅音像公司、新时代音像公司又开始活泛起来,广东音乐人陈小奇等人几乎天天"泡"

在深圳"挖"人，发掘了李春波、陈明、林依轮等诸多歌星。北京的音乐人则出现了陈红、陈琳、孙悦等。这批流行音乐的歌手被称为"94新生代"，他们无疑是为一个特殊、初级、更需要名人效应的中国演出市场专门制定和培养的歌手，相比那些仍然坚持要求带自己的乐队、灯光师、调音师与大大小小复杂的音箱，要求按照外国摇滚现场的形式演出的摇滚歌手，这些只需要一张卡拉OK伴奏带便可以演出的流行歌手显然更适应这样的市场。

很快，摇滚歌手们便发现没有人再邀请自己，比起那些流行歌手，他们的姿态与要求已经严重"不识时务"。加之1992年，邓小平发表南方讲话，号召更彻底的改革开放，社会上刮起一股下海潮，公众生活的基调是不争论——集中精力发展经济。摇滚歌手的对抗与批判姿态在这种大环境中迅速被消解，他们失去了原本不多的信徒。

丧失舞台的魔岩三杰，很快成为生活上的失意者。红磡演出后何勇获得了1500元的报酬，他不断地出国旅行，很快把之前演出的积蓄挥霍一空。因为女友意外怀孕，他被迫进入婚姻，婚姻维持不到一年，何勇就在离婚官司中失去了钟鼓楼的房子——那是他生活的土壤，也是他一直以来的创作灵感之地。后来，何勇搬到北京四环外亚运村附近的一个小区生活。坐在附近一家星巴克露天台子上，不停抽烟的他特别焦躁。他常常感受到生老病死的难受，感觉自己被推入到一个太现实的环境。小区的旁边就是北四环主路，宽阔道路上快速来往的车辆让他感到很大不适，他说自己不敢在这种路面上开车，而且因为长期服用治疗精神的药物，他的精力已经很难集中，如果做新专辑，歌词也必须在朋友的帮助下才能完成。"年轻时有使不完的劲，现在劲没有那么足。"他说。短时间内没有任何演出，何勇只能靠家里的拆迁款维持生活。

年轻时，何勇说自己被欧美的自由与理想主义感召，到了中年，他则平实单纯地羡慕欧美家庭从小会让孩子们拥有锻炼身体的习惯，认为这才是让孩子一生受益的东西。他不知道怎么收拾房间、洗衣服、做饭，"不是说想吃什么东西就能做的"。小区里走了一位老人，他哭得不行，"受罪啊，各种病，家里人照顾着，年轻的时候看不见这种东西，全部是音乐，都是往高处看，现在看的都是周围"。

何勇的母亲一直照顾着他与女友的生活，何勇常常感到害怕，有时候他会忍不住昏暗地想，如果女朋友离开自己，妈妈岁数一大，就剩下自己一个人了，他该怎么面对生活？

新"自由女神"的诞生

何勇虽然已经没落，但在北京之外那些二三线城市的年轻人眼中，他们却意外地成了英雄和某种人生理想。

1996年，因为盗版VCD，魔岩三杰的红磡演唱会在中国的二三线城市迅速传播开。那一年，袁琦还在哈尔滨高中学习古典乐，他至今记得看到VCD时感受到的震撼。"你根本想象不到吉他还可以那样弹，节奏还有那样的速度"。那场演出给他留下印象最深的是为何勇伴奏、头发到腰的欧洋，随后，袁琦留起长发，放弃对口的东北本地音乐学院，去了北京自费招生的迷笛学校学习摇滚。

因为袁琦这样的年轻人，从那一年开始，摇滚乐的主力由当年北京文艺大院里的年轻精英变成了全国各地的年轻人。

那时欧美20世纪70年代流行的朋克潮重新在以"涅槃"为主的乐队身上复苏。与重金属相反，朋克表面上是一种完全不强调弹奏技术的摇滚类型，它相信每个人只要懂得吉他的三和弦简单演奏，便可以创作，并把创作与摇滚完全看作不应该受任何因素影响与左右的个人表达。它的外形又很花哨，2000年，北京嚎叫酒吧搞了一场视觉摇滚演出之后，逐渐有中国乐队开始变装演出。朋克这一新"自由女神"召集起的摇滚青年们很快变成顶着染色鸡冠头、文身穿环、认为任何人都可以用音乐去表达自己却毫不讲究技术的年轻人。

魔岩三杰退出舞台后，大众更倾向把中国摇滚总结为一种死磕、悲情的英雄主义。很长一段时间，摇滚被认为只是一种精神，很多摇滚乐队在创作上只相信意念与想象。"在当时，嚎叫这种低劣的演出场所根本没有监听设备，当把音响开到最大，你永远无法听到自己在唱什么，越听不见就越想大声唱，大声唱就会超出你人体声带负荷，很多主唱演完回去就咯血了。"袁琦说，"在一个劣质的环境中，那种完全建立在想象与意志上的创作方式与生活态度让他们不太爱惜自己了。"

在一本叫作《红色摇滚：中国摇滚奇特的长征路》的书中，加拿大音乐人、作家乔纳森·坎贝尔记录了那时摇滚音乐人的状态：内蒙古一个叫"五角星"的乐队，非常迷恋披头士，当知道披头士的贝斯手保罗·麦卡特尼是个左撇子时，他们认真讨论了自己的贝斯手是否也要学着用左手弹琴。还有一个迷恋鲍勃·迪伦的乐队主唱下雨时从不打雨伞，别人问他为什么，他说，因为在一本介绍西方摇滚乐的书中看到，迪伦在雨中也从不打伞。

袁琦说："一种以想象和完全自我为基础的创作，让我们在乐手、主唱彼此交流时，常会产生很大的问题，往往贝斯想象地弹一个东西，鼓手想象着应该这么去打，吉他想象怎么弹，如果大家基础都很好的话，这会出现一个非常好的东西，但当时我们根本达不到那种水准。排练时没有人知道这首歌大约会是什么样子，因为效果全都是一个技术不过关的人自己想象出来的。一首歌可能排一下午，然后就打起来了。因为每个人想的都不一样，又不愿意承认自己的问题，在交流上会有很大问题。这让做摇滚根本不可能是一件愉快的事，从那时起，做摇滚便被称为死磕与穷摇。"

"朋克潮"很快被不想付出太多成本，又发现他们的形式感极具话题营销性的商人利用。嚎叫酒吧的老板吕波发现自己可以完全操控这些年轻人之后，以四万元左右的低价大量买下这些音乐人的作品，以两万元一张的制作费为这些乐队做了十多张专辑，每个乐队的录音周期只有一个月。压低制作成本并且靠怪异吸引注意力的商业模式在当时取得了短暂成功。袁琦当时所在的乐队叫"秋天的虫子"，他们的专辑在整个北方地区卖了五万张，等到在南方发行时，已经有了十万张的盗版。做完这批乐队后，在商业上实现成功的吕波移民海外，但很多乐队随后遇到了问题。

在那张专辑封面上，袁琦和他的乐队成员做了五颜六色的彩妆与奇怪蓬松的发型，这种封面在2000年看似很超前，但一旦拿出来就会遭到巨大非议，当时网络已很发达，"很多人骂你，评论你，当你站在聚光灯下，你会发现自己如此无助，本身在你没有成熟的时候站出来，本身立场不坚定的时候看到外界真正的声音，你会不断地怀疑自己。"袁琦说。发行专辑之后，因为主唱与吉他手的精神有些崩溃，他们的乐队很快面临解散。三年后，北京爆发了"非典"，大部分演出被禁止，大量来自二三线城市的乐队在那一年回到自己的家乡，"朋克潮"大规模消失。

摇滚所贡献的

加拿大音乐人、作家乔纳森·坎贝尔坚持把中国摇滚称为"yaogun"而不是"rock",与其他地方的摇滚不同,大陆摇滚乐完全是从"真空"环境中发展出来的,"世界其他地方不可能产生这样的摇滚",在一次采访中,坎贝尔说。

"大陆摇滚、流行等现代音乐的发展方式实际上从一开始就和台湾地区、香港特别行政区有很大不同,"一个不愿意透露姓名的20世纪80年代摇滚音乐人说,"从音乐内容到音乐制作,台湾地区与香港特别行政区几乎是完全与欧美同步的,他们听到了好的音乐,也可以在相对较快的时间里通过四大唱片公司、音响代理商、本土音乐产业,接触这些能够做出这种好音乐的设备、技术、管理方式以及思路。"

但中国大陆完全不同,很多人先是听到西方磁带里震撼他们的音乐,有了对于好音乐的粗浅概念,满怀热情地想去追求,但在制作与产业的层面实现这些都十分不现实。"这种意识觉醒太早,我们的追求也太超前。大部分摇滚乐的故事就像是每一个中国人在一无所有之中看到与西方的差距然后努力追求现代化的故事,但在那种社会环境下,这既是一个现代梦,也同样是一个现代化悲剧。"那位音乐人说。

"但你不能说他们的尝试失败了,"迷笛音乐学校的校长张帆告诉《人物》记者,"这相当于说我这几年完全白干了。"他笑了笑。

在北京，迷笛音乐学校与北京现代音乐学校是这个城市里仅有的两家系统教授爵士乐以及摇滚乐等现代音乐的学校，很多从西方系统学习录音技术、演奏技术以及调音技术的音乐从业者，工作之外在这两所学校任职。当美国伯克利大学等高等院校的音乐学院已经把现代音乐当作非常专业的分类去招生时，现代音乐在中国官方院校仍没有一席之地，直到现在，古典乐与民乐仍是官方院校的主流专业，这使得官方院校的人才培养仍和现代音乐工业无法直接对接。

迷笛学校原本是一个器材代理商设立的短期培训班，想在中国推广Midi标准，背后实际是销售雅马哈设备。但在1997年，因为看到现代音乐技术的重要性，有摇滚情结的张帆使它摇身变成了一个拥有等级资格的两年制专业学校。后来出现的木马、谢天笑等知名摇滚人全部来自武汉或山东淄博等二三线城市，毕业于迷笛学校。经过一无所知的年代，人们开始更加系统科学地对待技术。

鲜为人知的是，正如张帆在中国所做的，摇滚虽然在中国发展遇到极大困难，但在一个从上到下，从主流舞台到官方电视台的歌手都是以伴奏带为主要表演形式的国家，作为一种真正强调并坚持现场的音乐类型，摇滚乐却为中国培养了大部分的乐手、录音师以及音响工程师，为现代音乐工业做出极大贡献。

很长一段时间，李宗盛与罗大佑大量请大陆乐队去录音棚为自己的新专辑进行音色采样。"他们看重大陆乐队独特的演奏方式，并希望运用到自己的专辑里。"负责接待的录音师陈庆说，在大陆独特的探索道路中，摇滚乐手积累下很多之前从未有过的音色。在大陆，如果流行歌手要开演唱会，或者尝试更高级的演出形式，他们的伴奏乐队也只能找当年那些优秀的摇滚乐手。

2012年，《中国好声音》的成功被认为是真正地尊重了音乐行业,这包括运用了有实力的歌手、优秀的现场乐队、专业的音响系统工程以及复杂的摄像机位。但鲜有人知的是,"好声音"的现场乐队班底来自之前的"超载乐队"与崔健的乐队,音响系统工程师与扩音师则是早年与崔健等摇滚明星一起研究扩音技术的金少刚。在摇滚乐诞生之前,中国舞台音响从来没有过扩音与监听技术,而如今中国音乐产业最重要的音响师,都是早年因为摇滚乐的兴起而催生的一批专业人员。"所有现在业界的音响,好的音响师,没有一个是没有受到他(崔健)的帮助。"贝贝肯定地说。

此外,"好声音"的音响器材与乐器租赁则来自那英的姐夫白克。在中国,音响与乐器租赁最好的三家公司老板都是早年摇滚或者民谣的乐手,除了白克之外,周晓飞是塌陷乐队的鼓手,据专业人士粗算,北京90%的音乐节以及外国乐队来华演出的音响设备都由周晓飞提供,另外一家菲尔斯公司的老板则是天堂乐队的鼓手,他从一个设备代理商发展成了乐器租赁商,面对的客户主要是港台艺人。

当中国观众已经习惯"好声音""我是歌手"这类制作精良、由现场乐队、顶级音响支撑的电视节目时,鲜有人会意识到,这一切都和2002年崔健在中国发起过的一场"真唱运动"有关。

真唱运动反对对口型、假演奏、请他人代唱。但在那时,崔健没有被足够善待,曾有流行歌手在某电视节目中认为真唱运动是因为崔健从来看不起流行音乐,很多歌手、录音师公开反对崔健的提议。

在今天,看到音乐节、Live house演出和那些更具鉴赏性的选秀节目,或许更容易理解崔健的立意和摇滚乐到底为中国音乐工业贡献了什么。过去三十年里,中国经历了一次以基础产业建设为主的经济大发展,而在音乐行业,"真唱运动"正是对包括器材音响师、调音师、灯光师、乐队以及歌手在内的一次整个工业升级。从这一层面上看，生于20世纪60年代的崔健，不只是一个艺术家，他和要制造中国人自己的汽车的李书福、制造中国人自己的冰箱的张瑞敏一样，有民族实业家的一面。

但想在中国做成事，还需要斗争智慧。2012年，崔健在大连开演唱会时，距离他上一次来这里演出已经二十年了。很多二三线城市对他的记忆停留在十几年前，一方面因为他刚解禁不久，另一方面则是因为他对舞台要求极高，很多城市达不到要求：崔健需主办方完全按他的要求提供音响清单，很多时候，这些音响在当地无法找到，有时需要卡车从北京运出，除此之外，主办方还需要负担音响师、乐手、灯光师大约十几人的演出费用，相比习惯于靠一个伴奏带便可以完成表演的大陆流行歌手，这无疑是个"苛刻"的要求。

《人物》记者问崔健这些年来如何保证演出商一直能接受他带来那么多乐队成员和设备一起演出，他说起一种博弈之道："如果市场不允许，我不会因为没有这些设备而不去演出的，这是你的基本生命，但当我发现大家都能满足我的基本要求时，我甚至开始喜欢刁难他们一下，有些演出我不想去，我就会开出一个更高要求的器材清单，看看他们能不能满足，如果不满足我就不去了，结果他们告诉我，行，我答应你，你来吧。"渐渐的，他就这么建立起自己的团队，那些音响师、灯光与调音师跟着他也有了锻炼机会，幸存到了今天。

2015年，《人物》记者在崔健常常光顾的酒吧采访时，他穿着一双黄绿相间的跑步鞋来到拍摄现场。他现在过着一种昼夜颠倒却极其规律的生活：每天凌晨五点睡觉，下午两点起床。从不沾染毒品，喜欢户外跑步，经常在凌晨时分游泳。"他是一个强人"，何勇评价，"强"指的是在逆境中善于战斗、足够决绝。

崔健在艺术生涯中，只与一个叫作可登的中国台湾地区唱片公司和中国旅游声像出版社签过版权代理合同，前者做了他的第二张专辑《解决》，后者为他提供了第一张专辑《新长征路上的摇滚》的录音与发行。

当谈到和可登唱片公司的合作时，崔健说这个过程让他非常痛苦，"他们认为我应该按照市场需要写出更多《一无所有》这样有商业价值的歌曲，但我厌倦了，我给他们听了一个Hip Hop加Punk风格的摇滚，那是我当时最喜欢的音乐，台湾人认为我对创新的渴望已经走火入魔了。后来我发现我想做的事情与大部分商人都不同，这就像打牌一样，你的底牌就是生活快乐，当你要用财富作为交换的时候，但代价是你让我不快乐，我不能干"。

崔健决定通过控制版权把制作话语权全部握在自己手里。花20万，他买回《新长征路上的摇滚》，加上可登唱片后来倒闭，第二张专辑的版权自动回到作者手里，崔健因此拥有了自己所有作品的版权。他在被禁止演出期间，靠国外不断寄来的版权收入很好地活了下来。

崔健换过无数中国、外国的经纪人，现在的经纪人尤尤2002年开始与他合作，那时她只有二十三四岁。尤尤笑着说自己那时年轻气盛，她对老崔说："你不是说过你相信年轻人吗，你不是说年轻人永远是对的吗，你现在要给年轻人一个机会。"老崔很惊讶，他看着尤尤，"那好，我们就试试！"

尤尤接手后第一个梦想便是要让崔健重回北京舞台。崔健的演唱会一直有人想办，但一直拿不到批文。有三年的时间，尤尤每天一早就抵达政府要地，坐在他们的办公室里和他们聊天，讲崔健的意义，讲崔健多么不容易。

"当时就是一个信念，就是他应该重新站在这个舞台上，他是属于主流大众的，代表中国最好的音乐，至今没有人能够超越。"尤尤说。

2005年，相隔十二年后，崔健终于再次回到首都体育馆，他把这个演唱会取名"阳光下的梦"，意指：像是白日梦，那些不可能发生的事情又发生了。

这太牛了

有实业家一面的崔健较真、热衷于探索技术，但这种较真有时又会影响他的创作。

在他还无法完全掌握的技术面前，崔健有时会显得格外谨小慎微和过分在意。当谈起崔健如何为新专辑寻找一个鼓音音色时，他的前录音助理李游说："两种不同厚度的军鼓或许对于听众而言听不出太大差异，但对于崔健而言是不可以的。如果今天录了一种军鼓，第二天他觉得它太厚了，便会要求换一个薄的再录。一套鼓的拆装很复杂，需要花费两个小时，同时，对着音响的话筒又有十几个，摆在鼓的中间、两边、上下每个位置都会产生不同效果，这便带来十几万种可能，崔健新专辑的一个鼓音的音色往往要调整一个星期。他常常在录音棚里提着话筒一个人满屋子走，直到找到他想要的音色为止。"

这也影响了崔健的其他做事风格。子曰曾是崔健的签约乐队，当乐队主唱秋野谈到崔健时，他回忆起了崔健教他如何决定专辑歌曲排序的故事。把专辑里的所有歌曲录完后，崔健拿出了一张白纸，撕成十个纸条，把专辑的歌名分别写在纸条上。接着，崔健要求秋野这几天没有事就坐在桌子前把十张纸条一张张组合排列，崔健会建议秋野把所有排序全部亲自尝试一遍，直到最后在里面找到自己认为最完美的顺序为止。

2015年12月，崔健发表全新专辑《光冻》时，距离他的上一张专辑已经十年。之所以花这么长时间，是因为在这张专辑里，崔健继续保持边自学技术边进行录制的工作方式。他坚持使用一种低成本录音方式，可以反复摸索自己脑子里"想的东西"。但他低估了难度，曾经认为两年之内就会完成的，结果发现拖了五六年。由于性格较劲，一切变成了极痛苦的战斗状态，"那我就不管，我偏要自己做……偏让自己学会……我在那里练、找，我大量的时间用在这上了"。

由于一心盯着想要掌握的技术目标，他在创作上失去了很多可能性和偶然性，"丢失了很多好东西"。在他看来，这种偶然性"就跟书法一样……国画从来不会让你画第二遍的，就当面给你画一遍，但你能感觉里面有很多很多的想法"。

"他想要自己成为一个全才。"贝贝说，当发现中国现代音乐工业的缺失时，崔健开始学习各种录音技术、调音、吉他，把自己家改造为录音棚。二十多年前，为了把中国音色加入自己的作品里，他还曾投资改造过古琴和琵琶，希望能把它们连接效果器，变成电音古琴与琵琶。除此之外，他还投资过音响，联系厂家做过民族打击乐的架子。

但他传唱度最高的两首歌《一无所有》和《一块红布》都不是在这种想太多的状态下创作出来的，两首歌的诞生时间都是在两场拼盘演唱会前，主办方要求崔健唱新歌，为了登台，他必须立刻激发灵感做出作品，"都是瞬间的灵感"，崔健回忆。但新专辑因为太聚焦在想实现的技术目标中，那种"上帝之手"突然出现的时刻丢失了。

崇拜尼采超人理论的崔健推崇强人意志，采访中，他喜欢谈及霍金如何因为超负荷使用了大脑致使他的寿命远远超越了医生的预言，这是一个典型的精神决定肉体的故事。崔健多次体会到当完全依赖意志时，人因此变得内心无惧的时刻。但在这种发现缺失后就要控制一切和学会一切的强人心理下，当崔健处在一个也许错误的方向时，强人意志会让问题变得更糟糕：在崔健牢牢坚持他预想的效果时，乐队多次提出过反对意见，反对强化了崔健的意志，强化又让他必须先坚持住自己的判断，然后钻牛角尖式盲目相信自己、给自己鼓劲。

崔健善用一种"用尽浑身解数"的方法做事。贝贝说，演出前排练一首歌，他经常只提供一个比较抽象的方式，比如"我希望一个什么样的音，大概是什么感觉，你们就来吧"，"直到他觉得这种还行，暂时先这样吧"，但到了第二次演出，他又会要求大家重新演出，重新编曲，"本来这个歌是一个抒情歌曲，他希望更有劲"，这导致每次演出前，说到今天咱们演什么什么时，大家还老会问哪个版本，因为在这种排练下，"有的歌甚至到现在至少100个版本了"。

这会让人觉得和崔健合作是一件挺没成就感的事，"他的目的主要就是他提供想法，然后让别人帮他实现""对我们来说有着极其强烈的非参与感"，贝贝说，这些体会不到个人意志乐趣的乐手们又是"付出劳动最多的劳动者"。

三十年以来，崔健把这种牢牢将团队限制在一个由他设计的效果目标中的创作称为"探索性练习"，但当有朝一日了解到一些海外音乐人怎么做音乐时，他恍然大悟，他们从没有这种"探索性练习"，他们只做基本音阶的技术性训练，"他们录音从不花工夫，就一遍下，顶多给你补一次，但你仍然感觉到极好听，极有创造性，完了你三番五次就听他们的东西，你都能感觉到它的这个魅力"。

很多时候，音乐不是计算出来的

在2011年4月鲍勃·迪伦来北京开演唱会时，崔健意识到放松的重要性。尤尤记得，当看到这老头在台上自在地弹一把木头吉他唱自己的歌，台下的崔健忽然想起的是：摇滚原来是一件多么随性、自由的事。

痛苦的较劲中，新专辑《光冻》没达到满意效果，最后拖到不想再拖了，是拿到英国去混音才得以完成的，以这种方式，崔健强迫自己离开纠结。

但崔健不认为这有什么不好，他也敢于承认他的这些失控，"我觉得我自己知识储备是有限的，我也是从一个封闭的社会里一点一点地偷学、偷听，大家一样的""谁也没受过良好的、像西方人受到的那种教育"。当说起一个音乐制作软件如何让他着迷时，他兴奋了起来，在此之前，他害怕过是不是自己走偏了，因为身边没有中国人知道这款软件，他还不敢让自己太依赖这款软件，他怕软件厂商突然倒闭，他将无以为继，经历过一个一无所有的年代，这是他最熟悉也最恐惧的。

但在2016年,当他得知很多顶级国外音乐人都在使用这个软件时,他兴奋了起来,就像一个一直独自摸索的人被肯定正走在正确的方向上,这让他得意。《人物》记者问起崔健一路走来的过程是否让他感到困难,他说:"那是你现在看觉得这些都是困难,但那时候真的是乐趣。"当看到他讲起这个软件时的状态,你能明白他指的是什么,在这个过程中,在这个曾经一无所有的国家,他已经深深地和某种只在这块土地上才有的乐趣融合在了一起,一种钻研和探索的乐趣。

一直以来，崔健非常在意《一块红布》的舞台效果。1992年，崔健在一次演唱会上唱到这首歌时，特别用一块红布蒙住自己的眼睛，这成为他的一个标志性形象。2010年，崔健希望在首体的交响音乐会上演唱这首歌时尝试一种更大胆的舞台效果。他采取了一个电影舞美设计师的意见，在开场的时候，伴随着小号声，将会有一块红色绸布从十几米高的舞台上方完全垂下来。当时北京正好是冬天，首体必须要开空调保证温度。"但事实上，当空调打开，红色的绸布便会被风吹得到处乱跑，"经纪人尤尤说，"崔健一直要达成他的想法，我们只能跟场馆协调，把幕布下降需要多少时间算出来，多长时间我可以提前把空调关掉，室内温度不至于让观众觉得寒冷，多长时间幕布正好升上去，这个时候可以打开空调。"崔健的团队通过各种签字画押说服工作人员，这让他成了第一个让首体在一月份把空调关掉的明星。

崔健的兴趣是永远做那些在中国没有人尝试过的事，所以他总会遇到新困难，崔健的舞台总监熊先生这样说。2012年12月，当崔健要在大连的演唱会演唱这首歌时，他决定吸取上次在首体的经验，他没有使用绸布。他把舞台总监熊先生带到了自己的工作室，指着一个电动窗帘说，试试这个。他意图唱《一块红布》之前，电动帘幕落下，崔健在红色帘幕后唱完这首歌帘幕再升起，崔健出现。

熊先生联系窗帘的生产厂家，五个专门为大连舞台定制的长达十米多的自动帘幕被固定在一个与舞台长度等同的钢柱上，运到了大连。但安装好之后，五个电机在第一次试验时就烧坏三个，到真正表演时，他们只剩下一个可以用。所有人都在担心如果最后这个电机也发生故障，他们该怎么办。如果帘幕升不上去，崔健该怎么出现。

登台前一分钟，想到了什么的崔健在幕布后忽然兴奋了起来。"你有没有剪刀？"他转过头问熊先生。

"我只有刀子。"

"那你现在跑过去，把这把刀子放在我的麦克风下，如果那个帘子升不上去了，我就拿起刀子把它划开。"

熊先生快速地跑到了他的麦克风下面放了那把刀子。在此之前，崔健不允许犯任何错误的标准让包括熊先生在内的所有工作人员非常紧张。这些在中国社会看起来"古怪"的标准都是让和崔健合作的人感到敬畏的原因。前一天的音响布设过程中，当听到崔健的班机会晚三个小时的时候，已经熬了一个通宵但仍在继续工作的舞台人员都欢呼了起来，这意味着他们有了更多的调试时间。

放完刀子，熊先生紧张地回到后台，站到了崔健的身旁，崔健盯着舞台笑了："这太牛了！"他目视前方，挺直腰，振奋地向那些不断欢呼他名字的观众走去。

刘震云

双重生活

从外在身份看,刘震云的人生在这几十年里经历了
戏剧性的改变。一个当初为吃上馍、
娶上媳妇儿发愁的农村小子成了著名作家。
但按照刘震云自己的说法,他的生活状态几十年
没有变化过。对写作的喜欢没有变,每天上午六点半起床、
晚上九点半睡觉的农人式的作息没有变,
每天早上两小时的跑步习惯也不曾中断。

两个刘震云

一身黑色西装的刘震云和一袭红裙的刘雨霖出现了。他们在前排坐下，记者们的长枪短炮聚拢了过去，咔嚓声响起。这是2016年9月20日上午，西安。第三届丝绸之路国际电影节开幕影片《一句顶一万句》的发布会现场。电影改编自刘震云的同名小说，导演刘雨霖是他的女儿。

刘震云的名字以"原著/编剧"的头衔醒目地出现在海报的第一位置，整个发布会上，他是主导现场的角色。这并非刘震云在2016年中国电影大银幕的唯一一次出场——发布会前一天，另一部根据刘震云作品改编、由冯小刚执导的《我不是潘金莲》将推迟到11月上映的消息刚刚曝出。因为两部改编的电影同时上映，曾有媒体称2016年为"刘震云年"。

发布会上，刘震云用冯小刚三次凌晨三点给他打电话的故事，解释《我不是潘金莲》推迟上映的原因。他讲着慢条斯理的河南普通话，表情介于微笑与严肃之间，像一个对逗乐听众有十足把握的老练的相声演员，故事因此听上去也更像一个真假莫辨的段子——"小刚说不是说刘震云年吗，我们干脆给他说成刘震云月。前一个礼拜看《一句顶一万句》，后一个礼拜看《我不是潘金莲》，让朋友一次看个够,行不行老刘?我说这有什么不行的,这又不是什么大事儿。"至此刘震云借冯小刚之口推出了新概念——"刘震云月",戏剧效果直接体现在了紧随而来的媒体标题上,"11月成刘震云月#冯小刚最爱凌晨三点给他打电话"。

刘震云很忙。他不光要在台上吃喝,操心的事情甚至包括修改新闻通稿。当天下午《人物》记者在宾馆房间采访刘震云时,他几次中断采访,帮写稿的工作人员改稿子,"有一个规律,导语的时候可以用形容词……但是到里边写内容时,尽量不用形容词……你看CNN……"

几天后,他又出现在西班牙圣塞巴斯蒂安电影节上与获影后的范冰冰、获最佳影片的冯小刚的合影中。在一篇报道中,"范冰冰眼含热泪,兴奋地拥抱了导演冯小刚和编剧刘震云"。

对不同的受众来说,存在两个刘震云。一个是影视圈的名编剧刘震云,自1993年第一次与冯小刚合作电视剧《一地鸡毛》起,二人至今已成为铁搭档,《手机》《一九四二》《我不是潘金莲》等电影都改编自他的小说。另一个是严肃文学作家刘震云,他是中国文学界最高奖项茅盾文学奖得主。

两个刘震云在1991年《一地鸡毛》发表后第一次产生交集。他的妻子郭建梅——同时也是一名出色的公益律师、刘震云的北大校友——还记得,在此之前,刘震云还是《农民日报》的一名普通记者,家中拮据,但从这篇作品开始,他们的生活有了真正的改善。

"哎哟,我印象可深了,后来《一地鸡毛》拍成电视剧了,我们家一下得了八万块钱。那八万块钱拿着,你都不知道,就简直,你能理解那个,那个眼都得发绿。我就觉得当时拿到家,在那床上啊你知道,哎哟在那床上,一遍遍地看,一遍遍地数,一遍遍地看,根本就爱不释手。"郭建梅回忆,那天全家人一起出去吃了顿肯德基。

从那以后,女儿能够不断地吃上肯德基了。家里两张小床拼在一起的床也换成了"正儿八经的"大床。

人们从作家刘震云身上找不到如今在名利场游刃有余的编剧刘震云的影子。他们一家住在《农民日报》的宿舍大院时,郭建梅带女儿出去转,邻居总和她说,你们家孩子她爸都从来不说话。人们觉得刘震云像个哑巴,木讷,蔫蔫的。郭建梅记得特别清楚,在刘震云获得些名气之后,有个报社同事写了一篇关于他的文章发在《农民日报》,题目叫《悄然长成的一棵大树》,"意思就是从来没人吱声,是被人忽略的一个人,被人不惦记的人,就是从来没有人看他的一个人"。

我们村

作家刘震云来自河南。这位在北京生活了近四十年的作家日常话语里还是会经常出现"我们村""俺村"。别人说他幽默,他说"我是我们村最不幽默的人";他是1978年的河南省高考状元,进了北大中文系,上课时不理解班上女生嘴里总嚼着点什么,"按照我在村里的经验,这是在我们村牛棚里才会出现的情况";他总是强调作家并不是什么了不起的职业,"我们村的人认为,写书并不是多么高贵的事,我自己也是这么想的","我们村的人会看电视,如果我的作品被改成电视剧,他们会觉得特别有意思。我妈也不识字，她也看电视剧，这是我同意改电视剧的初衷之一"。他长大的西老庄村成为嵌在他生命里的罗盘。当有人说起四十里地，他首先想到的是西老庄村到延津县城的距离。

在延津县城出生的刘震云8个月大时被抱到西老庄村的姥姥家抚养。那是一个一百人不到，"穷得不得了"的小村子。家中兄妹四个，14岁时，因为穷困，作为老大的刘震云虚报了年龄，离开家，到甘肃酒泉当兵。那时当兵是农村孩子的一个出路，在部队能吃上馍，更重要的是提干，军装上有四个口袋，成为军官，这样就好找媳妇了。当兵时，刘震云特别喜欢站岗，流动哨，但他不流动，在路灯下看书。除了看很多小说，他还自学了大学微积分课程——这无意中在1978年的高考中帮了他大忙，数学成绩让他与其他考生拉开距离。

郭建梅记得，他们在北大认识那会儿，刘震云已经"满脑子的文学梦"，满口"我要当中国的鲁迅啊"之类的话。《人物》记者问刘震云"文学梦"的缘起，他轻描淡写地说，这是集体无意识啊，因为北大中文系都在写，"每个人都想成为作家……无非呢，就是说别人在分配的时候，他分到的地方可能在外人看来好一点，是吧，他分到中南海去了，他分到团中央去了，或者留校了，当团书记去了……我呢，是分到《农民日报》了，没有什么太大的诱惑，我就坚持下去了，就这么简单。不要夸大自己的那种理想性"。

他并没有提起自己在毕业时所面临的两个选择——一个是中共中央书记处农村政策研究室，一个是《农民日报》——这些往事是由他的妻子讲述的，他要去《农民日报》，老家的爸妈坚决不同意，当时曾经作为普通县城公务员的父亲已经成了县公安局局长，父亲说，你放着中南海不去，说不定将来能当个官呢。但刘震云非要选择《农民日报》。郭建梅回忆，那时两人正在谈恋爱，在操场上溜达，"他说我能够全国各地去走一走，去采访，能够接触很多素材。文学就是生活，来源于生活，如果没有生活，我怎么去写小说？"

郭建梅说，刘震云"血液里头都流淌着华北平原的农民的这个情结"，"他经常就是说，比如说去菜市场，去公园，跟那个修鞋的大哥啊、老大爷啊，跟那个卖菜的老大妈、大姐聊，那就兴奋得……就往那儿一坐，他跟农民一样，就在那儿往那儿一坐。人家在那儿吃面，说给我捞一碗吧，他就坐那儿，然后拿一根葱，就跟农民一样，他就这样的一个人"。

还在《农民日报》大院住时，有段时间大院后面在盖楼，刘震云就老去。有时赶上农民工在吃饭，手里拿着馒头，旁边放着白菜豆腐。刘震云问，你们喝啤酒吗？他们说，想喝呀，但太贵了，省了吧。当时自己手头也不宽裕的刘震云就跑到冷饮摊，买上十几瓶冰镇啤酒，和他们一起喝，聊家长里短。

刘震云作品中的故事背景很多都是他的家乡，人物的职业也经常是钉鞋的、杀猪的、贩驴的、剃头的一类的乡村手艺人。在北京工作生活的这三十多年里，他从未中断过与故乡的联系。直到现在，他每年都会回延津县城或西老庄村住一段时间，一住就是一两个月。他在接受当地媒体的一次采访中说："回到村里，就像鱼儿回到了大海。"

但当时等待这位北大毕业生的并非创作的坦途。郭建梅现在仍清晰地记得最初七八年里的画面：他们舍不得买一台电风扇，刘震云光着膀子，穿着松松的大裤衩，一边写，一边汗"哗啦哗啦"地流。他不断地投稿，被退稿，投稿，被退稿——当时的退稿现在家里还留着，两三个大纸箱子。每天熬夜写到凌晨两三点，第二天早上天一亮送女儿去托儿所,接着要去上班,整个人黑瘦黑瘦的。郭建梅看着心疼,她曾经希望当时一位(也是唯一一位)欣赏刘震云的杂志编辑劝刘震云不要再写了,"我说苗老师你劝劝他吧,他太固执了,他天天熬夜,退来一个,我说我都哭,我都觉得挺难受的,他说他还要坚持写"。

他对妻子说:"我一定成功,你放心吧,我一定成功。"

现实生活也像他小说里写的一样,不乏"一地鸡毛"。郭建梅记得女儿还没出生时,两个人挤在"厕所边上的一个小斗室",夏天下班后吃西瓜,没地儿去,就拿到办公室吃。办公室的领导和老大姐"说得特别难听","哐"就给他们轰出去了。刘震云赶紧赔不是。

从外在身份看,刘震云的人生在这几十年里经历了戏剧性的改变。一个当初为吃上馍、娶上媳妇儿发愁的农村小子成了著名作家。但按照刘震云自己的说法,他的生活状态几十年没有变化过。对写作的喜欢没有变,农人式的作息没有变,每天早上两小时的跑步习惯也不曾中断。甚至"年龄"也没有变化——他感觉自己的心理年龄停在了二十多岁,有时听说别人三十多了,他第一反应是,哟,挺大的了。

他也几乎一直不变地对物质生活缺乏追求。作家张晴第一次见到刘震云是在二十多年前,那时她是一个北漂文学青年,边在餐馆打工,边在鲁迅文学院蹭课。她经常在臭水沟旁的路上碰到一个穿着很肥很大的黄军裤和一双拖鞋的男子,推一辆"很破烂"的自行车,载着一个六七岁的小女孩。后来她再去蹭课,发现讲台上站的就是经常在河边碰着的那个人。"我才知道,哇,天天碰着的原来是那么著名的大作家刘震云啊。当时我就觉得很惊讶的,因为他的形象那时候看上去根本就不像个大作家的样子"。

平衡

即便在从作家到电影人的转换中,刘震云外表的改变也是极其有限的。有一次他与冯小刚一起参加电影宣传,一条裤腿卷在膝盖上就上台了,底下一片笑声。女儿刘雨霖后来对母亲说:"哎哟,妈,我爸太丢人了。"

他有时会客串角色。这次是在《一句顶一万句》中扮演一个相亲者,一个"不着调的"卖手机的中年男人,穿西装打领带,戴黑框眼镜,劈头就问对面的女人:"尼采知道吗?"这个装文化人的相亲男在问了四个"知道吗"的问题之后被女方轰走了。

郭建梅对他客串特别反对:"我说你怎么又串了。"其实刘震云已经在影视剧中客串过多回。1997年上映的《甲方乙方》中,他客串一个被刘蓓扮演的阿依吐拉公主迷倒的情痴。2010年播出的电视剧《手机》中,刘震云扮演作家刘震云,接受王志文饰演的主持人的采访。

毫无疑问,刘震云是当今中国与影视联系最紧密的作家之一,他被称作"影视与文学结盟的亲历者和受益者"。除了客串角色,他更是著名编剧。冯小刚自拍《一地鸡毛》起开始与刘震云合作,这些年的合作中他印象最深刻的是"这是一个不怕麻烦的人"。"很多作家在合同上要写明,我就写一稿,或者顶多再改一稿,但是刘震云他的作品,他也不会去让别人改编,都是自己来改编。而且一般来说不会少于十稿。"冯小刚对《人物》记者说。

他同样有可能是一位成功的商人。据《北京日报》2016年2月的报道,作家刘震云、演员黄磊在北京信义时代电影股份有限公司挂牌新三板时,成为它的新股东。《一句顶一万句》出品方之一风山渐文化传播(北京)有限公司的官网也显示,公司有"著名导演高群书,著名导演管虎,著名作家、编剧刘震云,作为明星股东坐镇"。2016年5月,《河南日报》"金水河客户端"报道,2016中国(郑州)国际旅游城市市长论坛上,总投资66亿元的宝泉·震云主题文化园和华谊兄弟星剧场两大项目签约。河南宝泉旅游度假区总经理张海明、刘震云(上海)影视文化工作室总经理程笛、华谊兄弟文旅演艺执行总裁刘晓出席仪式并签约。

妻子郭建梅记得自己曾经看过一篇评论,说刘震云是两栖动物,评论里还称:"他在娱乐圈,包括跟那个影视圈,冯小刚、张国立、陈道明、葛优他们都关系挺好,经常去参与一些活动,他们去了以后就觉得,甚至还有人说,刘震云是个严肃作家,没错,但是呢现在又一直在参与影视圈,从这个角度来说呢,他也不够严肃。"

但当问起这些与其相关的商业类消息，刘震云笑答："都是这么一说。"

刘震云曾经多次解释过介入影视圈的事情："大家肯定觉得我在电影里介入得特别深。其实呢，真实情况太简单了！有一个好朋友是电影界的人，我知道我们会心的程度，他是能把电影做好的。就好像去汴梁，你和书中的一个人投脾气，但到另外的路口又有一个人，也去汴梁，也投脾气，也就结伴往前走了。我对影视的介入就是说句话而已。这种介入我在生活中每天都特别多，我去菜市场，会问，萝卜怎么卖啊？人家说一毛五，我一拎，走了，就没人说我对这个萝卜和菜市场介入深。"

这是名利场里的刘震云创造的一套话语体系。一位在2012年采访刘震云的腾讯娱乐记者就曾写道："刘震云有趣，就有趣在他的腔调上……他说话有一种故意的不诚恳、刻意的荒诞和非常明显的举轻若重。他这么说话似乎只有一个目的：你千万别把我说的当回事。"

腾讯网文化中心总监张英曾经是《南方周末》文化版的记者，他与刘震云相识多年，多次采访过他。在张英看来，"他会把这些东西，他觉得不好的都藏起来……以这种非常世故的姿态，在公众媒体面前。说实话，他做影视之后，我看到的确实是，他学会了一种话语方式，那个作为一个作家的认真写作的人，他是藏起来了"。

张英感到，刘震云是能在文学品质、大众认可、影视娱乐几方面做到平衡的"非常少有的"作家之一。他曾听一位圈内人士评价刘震云，觉得这个人了不起，厉害，也评价他还带着一个农民的狡猾。

张英觉得，刘震云这些年活得越来越云淡风轻了，说话滴水不漏，在哪个界都游刃有余。

"我们看刘老师很幽默地在跟人交谈，这肯定不是刘老师的本质。因为每个人不能上来就亮本质，对吧？你像特别讲究的以前的四合院有那个照壁，你进来不能直接就看到堂屋啊，你得有一个照壁挡一挡，人也是这样。"宋方金这么理解刘震云，他与刘震云相识多年，曾经是《手机》《一句顶一万句》的电视版编剧。

刘震云对世俗生活的认知在北大时期就已初露端倪。现任北京市委常委的李书磊与刘震云同乡，1978年一起考进北大。他在发表于1993年的一篇随笔中说，当自己"还在写一些大而无当的豪言壮语"时，"震云对人心世故已经有了很高的觉悟"。他记得有一次，他们到一位老师家聚会，在座的客人中有一位也在北大工作，他就随口问她："你是教什么的？"恰巧这位客人是搞行政的，正为因工农兵学员出身上不了讲台闹情绪，气氛顿时很尴尬。事后刘震云对他说："你这么问就太唐突了。你应该问：您在哪个部门上班？"李书磊"如悟禅机，诚惶诚恐地点头"。

另外一天晚上，他俩在校园里散步，刘震云对他说："说话要注意。像咱们这样近的关系说什么都没有关系，有外人的时候要防止打小报告。"李书磊在随笔中写道："那种推心置腹的精神让我很感动，当时我也觉得震云有一种深不可测的成熟……"

李书磊在上述随笔中给刘震云极高的评价，他写道："震云则无疑是一个得道者，他看社会一下子看到骨头里如庖丁解牛，他对人自身深刻的蔑视表达出来却是那样的轻松而从容……他看得很透反而除去了包袱，能够轻装投入，在'一地鸡毛'的生活中游刃有余；但他同时又能对自己经历的一切有一种反观，并把这种反观容于小说。"

宋方金觉得刘震云身上有个界限，界限内外是长袖善舞与极有原则的两个人："如果刘老师说这是不可以的，这个时候那肯定就是不可以的，就是他肯定还是有一个界限。这个界限之上是世俗生活，世俗生活我觉得他当然是，刘老师肯定是长袖善舞，他会——比如说刘老师跟人家拍照会说，哎，你这个相机特别好，比如像王朔老师就不会，因为他就会觉得我犯不着跟你说这些。"

刘震云的作品中，郭建梅最喜欢的是《我不是潘金莲》。"刘震云他是看透世事的一个人，但是他又藏得很深，他也不会轻易地去发牢骚骂人……但实际上比如说《我不是潘金莲》这个小说里头，他把这些东西用一种黑色幽默的方式，实际上就给剥得鲜血淋淋，但是人家也说不出什么来，这是小说啊，但实际上他给它写得很清楚"。刘震云在写作之前曾经问过她关于上访的事情。郭建梅当事人的真实经历比李雪莲的故事要"厉害"得多，刘震云巧妙地将上访缘由处理成了夫妻间的一句话纠纷。

张英感到，刘震云在《我不是潘金莲》中处理上访题材时"拿捏这些分寸拿捏得非常好"，"一般小说家是没有这个才华的""又要写现实的，又能把敏感的东西给避开，同时还有他的小说实验，再还回大众，又要大众看得明白，这个不是一个聪明人的话绝对做不了的"。

底色

只有非常亲近的人才能观察到刘震云所站的立场。宋方金记得有一次在出租车上，刘震云提起《一地鸡毛》里的小林，这个小林现在会是街头的一个下岗工人呢，还是会变成了潘石屹？他问宋方金，你觉得变成哪种人更有意思？宋方金答，当然是变成潘石屹更有意思了，你可以写一写这个社会的波澜变化。

"刘老师说了一句特别重要的话，他说我跟这些富人不亲近，就是不喜欢这些人，不喜欢这些富人，还是更喜欢写尴尬的人、失意的人。"宋方金回忆。

同样地，他也并不亲近权力。"他是极其不想从政的人，特别讨厌从政。"郭建梅记得他曾经对一位家人说，"能不能干点技术的？非要去从政。"

这样的底色也许来自乡村生活的深刻影响。姥爷死得早，姥姥熬寡多年。她没有孩子，在路上看到有个三四个月的小孩哇哇地哭，一看是个小女孩，腿已经烂了大窟窿，窟窿里生着蛆，是被亲生父母抛弃的孩子。姥姥就抱回家，一直养到成家，生了刘震云，又接着把外孙养到当兵离家。姥姥1995年去世，刘震云直到现在还经常会梦到她。2011年获得茅盾文学奖之后的一次访谈中，他讲道："有时候我想起来我有五十岁了，做梦做的还是二十多岁的梦。那时候我的外祖母还在，我经常梦见我外祖母，跟她一块过中秋节。就在我们的村子里，就在我们家的院子里，枣树上面，月亮那么大，那么明亮，我突然觉得我特别幸福。"

乡村长大的作家近乎谦卑地认为决定自己能够获得今天体面生活的是机遇和命运。在接受《人物》记者采访时，他会回想起少年时期的一些朋友，他们都很聪明，只是自己在人生的拐点上考了大学，而另外一些则回家务农，或进城打工。在采访的整个过程中，刘震云的回答几乎都滴水不漏，只有谈起这些"阴差阳错"走上不同人生道路的伙伴们时才是他为数不多的微微袒露内心的时刻。

2011年，刘震云在一场汽车媒体主办的财富论坛演讲中，从吉利集团董事长李书福讲到他的一个表哥。他说从电视上看到李书福时，觉得他长相有些像自己小名"屎根"的表哥。做瓦工的表哥比他聪明，小时候外号"牛顿"，特别懂建筑，同样是打工，但"他会是带点设计感的那种技术"，"那他要是上了大学，他到美国留学，他不就是贝聿铭嘛"。但是，"他所以没有到更高的社会阶层，仅仅是因为他穷"。他在论坛演讲中的话也许可以理解他在感情上亲近穷人、疏远富人的深层原因。在一次采访中，他说得更为直接："我的表哥和舅舅，他们从事特别繁重的体力劳动，被上面层层盘剥。"

他时常回老家，因此也时常有机会去帮助各种亲戚乡邻。有两种忙他特别愿意帮，一个是孩子考学、找工作，另一个是村里的穷苦人。这缘于他年少时对贫穷"深刻的体会"。他至今能清晰地记起七八岁时，一个在矿上拉石头的表哥悄悄给他两块钱时他的感受——"我就觉得天地一片光明"。

郭建梅的家乡牛屯镇与西老庄村相隔五十里，农村出身在他们夫妇俩身上都留下了烙印。郭建梅"看不得穷人受苦"，因此至今做了21年的公益律师。

公益律师的工作面临常人难以想象的风险，而且收入与商业律师悬殊，很多人不理解，身边最好的朋友都说，建梅你干吗呀，还在坚持。但刘震云理解她，"他说什么都买不来快乐，你喜欢你就去做。你如果觉得你就喜欢当商业律师，就喜欢钱，那你也可以去做，但是你不是这种人，那你就去做这个维护弱势群体权益的事儿"。

"刘震云就是一个非常非常理性的人。任何时候，遇到多大事儿他都能稳得住。"郭建梅记得，遇到困难的时候，刘震云会说，有我呢，有家呢，"他说……你要真的有事儿的话，那我一定会站出来……我不管它什么什么，我就会全力地支持你"。

乡村生活让刘震云同样感到，人并不会因为阶层与身份就在智识上被区隔。刘震云觉得姥姥有见识。尽管她矮矮的，不识字，但会干活，姥姥割麦子，她割到地头，别人只能割一半。他问姥姥为什么割得这么快，姥姥说，不要直腰，直了第一次，你就要直第二次、第三次。

他觉得西老庄村的舅舅们也有见识——一个赶马车的舅舅，一辈子赶马车，他说，如果你是既不聪明也不笨的人，难混，但记住一句话，一辈子只干一件事。还有一个做木匠的舅舅，木匠活方圆几十里做得最好，他说，并不是我木匠活做得好，是花的工夫比别人多呀。不过如果单是说花笨工夫多，这个活还是做不好，关键是我喜欢做木匠这个活，喜欢刨花散发出的香气。

刘震云对所谓的知识分子不时流露出不屑："有时候读十年他们的书，还不如听卖豆腐的、剃头的、杀猪的、贩驴的、喊丧的、染布的、开饭铺的一席话呢。特别是中国作家，也假装是'知识分子'，他们一写到劳动大众，主要是写他们的愚昧和无知，'哀其不幸，怒其不争'，百来年没变过。采取的姿态是俯视，充满了怜悯和同情……更大的问题在于，他们认为重要和强调的事情，我舅舅和我的表哥们认为并不重要；他们忽略和从没想到的事情，却支撑着我亲人们的日日夜夜。他们与街头暴力乞讨者不同的是，乞讨者把匕首扎到了自己身上，他们把刀子扎到了别人身上。我讨厌这样的写作，讨厌这种'知识分子'的写作。"

当回到真正能令刘震云感到趣味的写作之中时，他几乎成了与名利场中全然不同的刘震云。他有极强的定力。《一句顶一万句》

杀青后从片场回家，刘震云立刻把自己关在书房，继续写他将于2017年出版的新小说。据郭建梅描述："娱乐圈啊，影视圈啊，那种浮躁啊，那种飘然啊，轰轰轰轰的那种，或者说是那种嘈杂的环境，但是当他的腿迈到这边的时候，他立即就能静下来。"

"他定力到什么程度，那个手机在他这儿搁，从来不看，一天都不带看一眼的，他的身份的转移，角色的转换，以及包括他的习惯的转换，思维的转换，特别的快，而且极其到位。"郭建梅说。

刘震云性格上是"不外露"的人，"不大喜，不大悲"。有一次刘震云从埃及开会回来，郭建梅在他的行李里看到一个奖杯，他刚从埃及领完"埃及文化最高荣誉奖"。郭建梅说，你这儿得了个奖啊。刘震云回，啊。郭建梅说，我说你怎么不跟我说啊。刘震云答，这有什么说的呀。2011年8月得茅盾文学奖那天，刘震云和郭建梅说，得茅盾文学奖了，不错，挺高兴的，这是中国国内的一个最高的文学奖了，今天去吃个饭吧。

"他那奖杯有几十个，各种各样的证书、奖杯。我呢，就是在他的书房，他的书房一大溜书柜，我都给他放到书柜里了。你猜怎么着，他让那个物业的，还有让我们家那个阿姨都给搬到地下室去。一个一个的全都……我说干吗呀，搁这儿不挺好的嘛。他说干吗呀，有什么意思啊，不要。"郭建梅说，"现在到我们家，他那个书房是空空的，除了书没有任何一个奖杯，都在地下室。在地下室他也不让摆在明面儿，就专门有一个小格，外头是实心儿的那个门，就在里头待着呢，谁也看不见。就这么一个人，特别闷的一个人。"

孤独

"你别看他在外头给人的感觉就是非常幽默啊,还有点贫的那种幽默啊,还有点那种绕啊,其实他这个人是一个挺干脆和寡言少语的人。"郭建梅说。曾与刘震云合作多次的宋方金也对他有寡言的印象。"刘老师沉默寡言到什么程度呢……"宋方金讲了个故事,有一次助理到加油站加油,坐在车上的刘震云下车溜达,助理加完油一踩油门就上路了,车子开出一百公里,回头才发现,刘震云不在车上。

有一次宋方金和刘震云一起讨论剧本,他让在座的五六个人每人说一个这辈子最喜欢干的事,他要用到角色身上。大家有的答读书,有的答旅行,刘震云很严肃地想了想,说他最喜欢的事是冥想。刘震云特别喜欢独处,有时候郭建梅能感到他"不太愿意跟人说话"。

影片《一句顶一万句》的开场,毛孩饰演的牛爱国和李倩饰演的庞丽娜到民政局办结婚登记。前边一对中年夫妇刚办完离婚。

"为啥离婚?"

"说不着。"离婚女子一脸沮丧。

"说说你们为啥结婚?"

"我们说得着。"庞丽娜笑容满面。

"说得着"与"说不着"是刘震云作品中频繁出现的母题。

原著小说里有个开私塾的老汪,老汪给徒儿们讲"有朋自远方来不亦乐乎"。小说里写:"徒儿们以为远道来了朋友,孔子高兴,而老汪说高兴个啥呀,恰恰是圣人伤了心,如果身边有朋友,心里的话都说完了,远道来个人,不是添堵吗?恰恰是身边没朋友,才把这个远道来的人当朋友呢;这个远道来的人,是不是朋友,还两说着呢;只不过借着这话儿,拐着弯骂人罢了。徒儿们都说孔子不是东西,老汪一个人伤心地流下了眼泪。"

编剧史航曾在节目里解读这段:"《论语》越解释得凄凉,越是读到其中况味了,就是人生到此凄凉否。"

"也没好人,也没坏人,只有可怜可恨的人,自己放的态度越来越少,就这么冷冷地看着人世间。"朋友高晓松告诉《人物》记者,刘震云越来越像他喜欢的另一个作家,写《金瓶梅》的兰陵笑笑生,"热闹的时候他也热闹,但是你能感觉到内心是很孤独的。"

郭建梅也觉得"刘震云是一个挺孤独的人","他这些作品有的是对他自身感受的一个体现"。

刘震云反复说起一个生活中的现象:"只要是中国人,几个人凑在一块儿,都是笑语欢声。不但知识分子是这样,酒桌上是这样,说黄色笑话,就是工地上的民工也都一样,都是笑语欢声,但他们剩一个个体的时候,他在街头蹲着,你会发现他们眉宇之间露着一丝忧郁。"

他想在《一句顶一万句》里"全面、系统、特别深入地挖掘这种孤独"。书名他甚至想过叫《一棵大树》,可这太绕,又想过叫《一地孤独》,这又太白。但他想表达的意思就在它们里面。刘震云谈过自己对中国人的孤独的理解:"很多中国人不认为自己生活得孤独,这就跟酒晕子说自己没醉一样。中国人的孤独是体现在细节上的。西方是人神社会,人可以对神忏悔,对神倾诉。但中国没有上帝,就只能找人说话。但找一个知心朋友是非常不容易的。神不会背叛人,都是人背叛神。神的嘴是严的,知心朋友却不一样,他可能会把你说的知心话说出来,知心话马上就变成危险的刀扎向你。所以知心的朋友是危险的,知心的话儿是凶险的。"

"刘震云就经常会说,人一生其实没有什么朋友,如果说离得很远,他肯定不是朋友,离得很近的人呢,也未必是朋友,甚至他会觉得,包括自己的亲人,也未必是朋友,因为你无话可说。另外呢比如说,说到有的在合作的朋友,也未必是真的朋友,因为一牵扯到利益就不是朋友……当然他有几个好朋友,像冯小刚啊,王朔、陈道明啊这几个,还有两个评论家。但是他总的感觉,给我的感觉就是,他自己就是一个孤独的人。"郭建梅说。

婚姻中也难免有隔膜。郭建梅说:"家家户户如此,不是光我们。你比如说我们在一起生活,共同养育孩子,但是实际上我们也很少聊,我其实也很少问,他每天在干什么,他写的什么,他想的什么我不知道,其实是不完全知道的,都是有隔膜的。另外比如说我在做什么、我想的什么、我遇到一些案子怎么样,他也不知道。他就经常地问,你干吗去了?什么事儿?我说哎哟,不说了,太复杂……"

在写作中同样如此。刘震云曾经历过一次对他来说也许极为重要的冷遇。20世纪90年代初,在《一地鸡毛》大火之后,他主动放弃了原有的写实路径,用七八年时间写完200万字的《故乡面和花朵》,在腾讯网文化中心总监张英看来,"完全是语言的狂欢和像一个长篇的交响曲那个写法,非常先锋"。但张英说,刘震云所面对的现实是,"即便是如此,费着这样的苦心,还是没有得到文坛认可,评论家们均没发表看法,作家们相互之间带着神秘的微笑。"他的大部分作品都不停再版,但这部小说从未再版过。有个开玩笑的说法,中国有耐力看完这部小说的不会超过十个,看懂的不会超过三个。

后来重又回到畅销状态的他在2007年接受《中国新闻周刊》采访中仍以这次冷遇为例感慨:"我也不知道为什么,我越活,好像就和有些人离得越远。确实不是有意为之,人是一个群体动物,都想合群,但是有时确实在不同的道路上走得已经很远了。"

对于刘震云来说,交流的乐趣在写作中产生:"你写作的时候,这个人物啊他很专注和专心,他不像生活中的人,一会儿有这

个事儿，一会儿有那个事儿，你跟他聊天有时候也聊不成。你跟书里的人总是能聊得成嘛，就坐在那儿慢慢聊，慢慢聊，说说东，说说西，说说你，说说我。"

写《一句顶一万句》的时候，刘震云感受到"所有的人物，所有的孤独，所有的精神流浪，就发生在自己身边的亲人身上"。姥姥生前给他讲过自己小叔子的故事——小叔子没有娶上媳妇，一个人，养头牛。牛死了，小叔子三天没说话。一天凌晨姥姥听到他拍窗户，开门出去。"这么早去干吗？"姥姥问。"嫂子，我走了。"他说。从此小叔子消失了。乡亲们把四乡八镇都找了，所有的井都捞了，不见小叔子的影子。

"他的离开仅仅是对牛的去世伤心吗？我想当牛死后，他的生活变得特别陌生，当熟悉变成陌生的时候，你就特别容易产生孤独感。"刘震云感到了小叔子的孤独。他曾说，书里的角色对他来说都是朋友，而且他们"保险"，随时都在。他和他们说得着。

看 见

倾 听

触 摸